F. 4400. ͬ

C.

F. 5416.

F.

25895 - 25896

MANUEL

DES

CHASSES.

MAXIMES

SUR LA

SAISIE
FÉODALE
ET
CENSUELLE.

Les deux, Brochés, Quarante Sols.

MANUEL
DES
CHASSES,
OU
DISSERTATION
SUR LE DROIT
DE
CHASSE,
AVEC

Un Traité de la compétance des Juges des
Seigneurs, rélativement aux Eaux & Forêts : Ouvrage util aux Seigneurs des Justices & Fiefs, & aux Officiers qui ont la
connoissance de ces matieres.

A BLOIS,
Chez PIERRE-PAUL CHARLES,
& se vend A PARIS,
Chez J.-T. HERISSANT, Ruë St. Jacques.

M. DCC. LXII.
Avec Approbation & Privilege du Roy.

DISSERTATION
SUR LE DROIT
DE
CHÀSSE.

CHAPITRE PREMIER.
DEFINITION.

LE TERME CHASSE, pris généralement, pourroit s'étendre à la Venerie, à la Fauconnerie, & désigner toutes les sortes de guerres que nous faisons aux Animaux ; aux Oiseaux dans l'Air ; aux Quadrupédes sur la Terre ; & aux Poissons dans l Eau ; mais son acception se restraint à la poursuite de toutes sortes d'Animaux Sauvages, soit Bêtes féroces & mordantes : soit Bêtes noires & fauves : & soit enfin le menu Gibier tant Quadrupéde que Volàtil ; *Brodeau sur Louet* M. 17. Nº. 11.

A

CHAPITRE II.

De l'Origine & de l'Ancienneté de la Chasse.

LA Chasse, dit M. Didrot, est un des plus anciens éxercices : les fables des Poëtes qui nous peignent l'Homme en troupeau, avant de nous le représenter en société, lui mettent les armes à la main , & ne lui supposent d'occupation journaliere que la Chasse. l'Ecriture Sainte qui nous transmet l'Histoire réelle du genre humain, s'accorde avec la Fable pour nous constater l'ancienneté de la Chasse : elle dit que Nemrod fut un grand Chasseur aux yeux du Seigneur qui le rejetta.

C'est une occupation proscrite dans le livre de Moyse ; c'est une occupation qui étoit divinisée parmi les Payens.

Voilà ce que la Mythologie & l'Histoire Sainte , c'est-à-dire le mensonge & la vérité nous racontent de l'ancienneté de la Chasse : Voici ce que le bon sens suggére sur son origine. Il fallut garentir les Troupeaux des Loups & autres Animaux Carnaciers ; Il fallut empêcher tous les animaux sauvages de ravager les Moissons : On trouva dans la chair de quelques uns un aliment sain ; dans les peaux de presque tous une ressource très-prompte pour le vêtement : on fut intéressé

de plus d'une maniere à la deſtruction des
Bêtes malfaiſantes : On n'éxamina guerre quel
droit on avoit ſur les autres ; & on les tüa
toutes indiſtinctement, excepté celles dont on
eſpera de plus grands Services en les conſer-
vant.

L'Homme devint donc un animal très-
redoutable pour tous les autres animaux : Les
eſpéces ſe dévorerent les unes les autres,
l'Homme les dévora toutes. Il étudia leurs
manieres de vivre pour les ſurprendre plus
facilement; il varia les embuches ſelon la di-
verſité de leur caractere & de leurs allures ;
il inſtruiſit le chien ; il monta le cheval; il s'ar-
ma du dard ; il aiguiſa la fleche ; & bientôt il
fit tomber ſous ſes coups le Lion, le Tigre,
l'Ours, le Léopard : il perça de ſa main
depuis l'animal terrible qui rugit dans les Forêts, juſqu'à celui qui fait retentir les airs de
de ſes chants innocens, & l'art de les détruire
fut un art très - éxercé, très - étendu, très-
util, & par conſéquent fort-honoré.

S'il étoit poſſible de ſuivre les progrès de
cet art depuis les premiers tems juſqu'au nôtre,
on y verroit ſans doute bien des choſes qui feroient peu d'honneur à l'humanité, & on peut
remarquer en général que l'éxercice de la
Chaſſe ayant été dans tous les ſiecles & chez
toutes les nations, d'autant plus commun
qu'elles étoient moins civiliſées, il y a produit
une infinité de maux que l'on a été contraint

de réprimer par l'autorité des loix, qu'il a été la source d'une infinité de jalousies & de dissentions, même entre les Nobles, d'une infinité de lésions envers leurs vassaux, dont les champs abandonnés au ravage des animaux réservés pour la Chasse, n'ont offert de toutes parts que le triste spectacle de la consommation entiere des Moissons, l'espérance & le fruit de leurs travaux, sans qu'il leur fut permis d'y obvier.

CHAPITRE III.

De la Liberté de Chasser dans le Droit Naturel, & des Restrictions qu'on a apporté à cette liberté dans nôtre Droit Civil.

LA Chasse est la plus ancienne maniere d'acquerir que les hommes ayent eue, aussi l'usage en étoit-il libre à tous les hommes suivant le droit naturel ; après le Déluge, Dieu soumit à leur domination toutes les bêtes qu'il avoit crées & leur permit d'en user pour leur nourriture, Genese Ch. 9. v. 2 & 3.

Suivant le droit des gens, les animaux que l'on prenoit à la Chasse apartenoient à celui qui les avoit pris, sans distinguer si c'étoit sur son fond ou sur celui d'autrui ; car dit Justinien Liv. 2 des Instit. Titre 1. § 12. *La raison naturelle veut que ce qui n'appartient à personne,*

apartienne à celui qui s'en empare. La liberté qu'il
donnoit au Propriétaire d'un Héritage d'en deffendre l'entrée, ne changeant rien à la nature
de ces bêtes, *Qui funt naturali libertate gaudent*,
& ne peuvent par conféquent affecter un héritage plûtôt qu'un autre, ne devoit apporter
aucun changement dans la maniere de les acquerir.

Ce qui s'obfervoit parmi les Romains a été
fuivi en France depuis même l'introduction des
Fiefs & des Juftices Seigneuriales : on y regardoit l'exercice de la Chaffe comme appartenant
en quelque maniere au droit des gens, & elle
n'étoit réfervée ni aux Seigneurs, ni à la Nobleffe.

Il eft vrai que l'auteur du Code des Chaffes
a pofé des maximes contraires à ce fentiment ;
mais pour le réfuter il fuffit de lui oppofer les
loix mêmes qu'il a cité pour les établir. 1°.
La loi Salique ne contient aucune deffenfe à cet
égard, & femble plûtôt en fuppofer la liberté commune à tous les hommes ; en effet les réglemens qu'elle établit, conviennent mieux à
une fociété d'hommes en général, qu'à un ordre
particulier de la fociété ; & fi l'on joint à cette
réfléxion celles qui naiffent de l'idée que nous
avons des mœurs de ce tems là, on aura peine
à comprendre comment des barbares qui formoient à peine une fociété, qui négligeoient
totalement la culture des terres pour s'attacher
à la garde de leurs troupeaux, ou pour fuivre

A iij

plus facilement les impreſſions de l'humeur belliqueuſe qui les dominoit ; auroient pu former ou ſouffrir des Loix qui reſtraignoient la liberté naturelle, dont ils devoient être extrémement jaloux ; Loix qui ne peuvent naître que de la poſſeſſion permanente ces terres ; objet qui n'étoit point encore entré dans le plan de leur gouvernement.

2°. l'Ordonnance de Charles VI. de Janvier 1396. ne deffend la Chaſſe qu'aux Payſans, que cet exercice détournoit ſans doute de travaux plus utiles ; elle ne la permet point aux Eccléſiaſtiques ni aux Bourgeois vivans de leurs poſſeſſions & rentes ; mais les excepte ſeulement des deffenſes qu'elle prononce : ce qui prouve non ſeulement que ce Droit n'étoit point alors enviſagé comme un Droit qui appartint exclufivement au Roy, & dont on ne put uſer qu'en conſéquence d'une permiſſion particuliere ; mais encore que l'éxercice en étoit libre à un chacun.

Si on joint à ces réfléxions le premier Article des anciennes inſtructions raportées par cet Autheur, 1er. Vol. Pag. 103. qui portent *Perſonnes non Nobles peuvent Chaſſer* PAR - TOUT *hors Garennes.* On demeurera pleinement convaincu de l'entiere liberté qui régnoit à cet égard *en tous lieux*, ſi on en excepte les Garennes qui ſont des lieux de réſerve, deffendus par les Propriétaires ; ce qui n'étoit qu'une conſéquence du principe dérivé des Loix Civiles

des Romains qui vouloient que le Propriétaire d'un Héritage put en deffendre l'entrée,
s'il le jugeoit à propos.

L'exemple de la cruauté d'Enguerrand de
Coucy, que rapporte cet Autheur Pag. 44,
ne prouve rien pour lui : la Forêt où il sup-
pose que les trois jeunes gens qu'il fit pendre,
furent pris poursuivant un Liévre, étoit *en Ga-*
rennne, id est *en deffend*, comme nous l'ap-
prend Gallon sur le Tit. 30 du Code des
Chasses ; Or dans ce tems là on regardoit la
Chasse dans une Garenne comme un Crime Capital. *Ceux qui deroberont des Lapins ou*
autres grosses Bêtes sauvages, s'ils sont pris de
Nuit, SERONT PENDUS. *Et si c'est de Jour, ils*
feront punis par Amende d'Argent. Portent les anciennes Coûtumes de Beauvoisis rédigées en
1283. Les établissements de S. Louis por-
toient à peu près la même deffense. Il n'y
avoit donc rien de bien extraordinaire dans
ce procédé du Seigneur de Coucy, qui faisoit punir de la peine prononcée par la Loi,
des jeunes gens, qu'elle regardoit comme
Voleurs ; & il y a bien apparence que Guil-
laume Nangis, qui nous a transmis cette Histoire dans la vie de S. Louis, nous a obmis
des circonstances qui palliroient les violences
de ce Seigneur, qui d'ailleurs fut puni en
1254. *Abrégé Chron. de l'Hist. de France par le*
Présid. Henault.

Pour revenir à notre objet, nous croyons que l'on peut conclure contre l'Auteur du Code des chasses que les preuves sur lesquelles il appuye la maxime qu'il pose pour détruire la liberté qui régnoit dans les commencemens de la Monarchie, sur l'Exercice de la Chasse, se détruisent d'elles-même : & qu'il ne s'en est servi pour fonder son sistême, que parce qu'il n'a pas assés distingué l'objet des deffenses qui l'ont frapé si vivement ; en effet dans cet exemple où il cite le procédé du Seigneur de Coucy, comme dérivant d'une Loy qui avoit pour objet toutes les terres de la Monarchie, il est aisé de voir qu'il ne s'est ainsi avancé que pour s'attirer des authorités ; & que dans le vrai il étoit question de la Chasse dans une Garenne, lieu pour lors aussi deffensable que l'est un Colombier dans nos mœurs ; & ce fait se punissoit d'autant plus sévérement qu'on le regardoit comme un veritabe larcin commis contre la foi publique, à la quelle la conservation de ces Garennes étoit en quelque façon confiée.

La Deffense faite dans les établissemens de S. Louis de 1270, aux Roturiers de Chasser dans les Garennes de leur Seigneur, sous peine d'Amende, achéve de confirmer ce sentiment, car l'expression d'un cas particulier emporte avec elle l'exclusion de tous les cas que le Législateur n'a point exprimé : suivant cette régle de Droit, *Qui dicit de uno negat de altero.*

Nous nous sommes particulierement étendu sur cet exemple, par ceque la conséquence qu'en tire l'auteur une fois détruite, tous les exemples particuliers qu'il raporte, partants des mêmes principes tombent également; & entrainent dans leur ruine le sistême qu'il à voulu fonder sur eux; la menace faite par un Officier du Comte d'Angers, à l'Evêque de cette Ville, & qu'il raporte Pag. 49. est de ce genre : d'ailleurs quelle preuve cette menace donneroit-elle de son sentiment? la prétention du Comte d'Anjou étoit si chimérique, que l'autheur nous aprend Pag. 78. qu'il n'avoit aucun Droit Féodal sur la Forêt du Bouchet. Au surplus il établit dans cet endroit un pur barbarisme dans le langage Féodal, lorsqu'il veut faire entendre que la maxime reçuë en Anjou que Fief & Justice sont tout-un, s'entend de la haute Justice; *Vide* Poquet de Livonniere, des Fiefs Liv. 1. Chap. 5. où cet autheur établit au contraire que cette maxime dans sa généralité, ne s'entend que de la Basse-Justice : ainsi tombent toutes les conséquences quil veut tirer en faveur du Haut-Justicier, de la réponse de l'Evêque d'Angers qui se deffendoit sur ce que le Fief lui appartenoit, & non pas la Haute-Justice.

Les gratifications ordonnnées par Philippe & Charles Le Bel, pour récompenser les voisins de leurs Forêts, des pertes que leur avoient causé les Bêtes rousses & noires, ne font pas fufceptibles de la conféquence qu'en tire l'auteur ; que ces récompenfes n'auroient point été accordées s'il n'avoit été deffendu aux fujets du Roy de chaffer de leurs propres Héritages les bêtes fauvages qui y faifoient du dégât : Car 1°. cette récompenfe qui ne concerne que le dégât caufé par les Bêtes des Forêts, prouve que les Plaines n'étoient point encore comprifes dans les deffenfes ; autrement les voifins des plaines où il auroit été deffendu de chaffer, auroient fouffert le même dommage fans participer à la même récompenfe.

2°. Il eft d'expérience que les fruits qui font dans le voifinage des lieux peuplés de Gibier font toujours très-endommagés, quoique les habitans veillent à leur confervation en chaffant les Bêtes fauvages qui s'y trouvent, parce qu'il n'eft pas poffible de les garder en tous tems & dans tous les lieux en même tems ; ce qui feroit néceffaire.

Il n'eft d'ailleurs pas étonnant que les Forêts du Roy fuffent deffenfables, puifque la plûpart de celles des Seigneurs Particuliers jouiffoient de ce Privilége ; ce qui ne forme toûjours qu'une exception qui confirme la Regle, que *Hors les Garennes la Chaffe étoit libre à un chacun.*

Nous en avons dit affés pour prouver cette vérité qui fe developpera encore mieux dans la fuite ; voyons maintenant comment cette liberté fut reftrainte.

On ne voit pas précisément en quel tems la liberté de la Chasse fut restrainte à certaines personnes & à certaines formes : il paroit seulement que dès les tems de la premiere race de nos Roys le fait de la Chasse *dans les Forêts du Roy* , étoit un crime capital ; témoin ce Chambellan que Gontran Roy de Bourgogne (mort en 593.) fit lapider pour avoir tué un Cerf dans la Forêt de Vassac autrement Vaugene au Pays de Vauge ; *Gregoire de Tours. Liv.* 10, *Chap.* 10. *cité par Gallon sur le Tit.* 30 *de l'Ord. de* 1669.

Sous la seconde Race *les Forêts* étoient deffensables ; Charlemagne enjoint aux Forestiers de les bien garder ; les capitulaires de Charles Le Chauve désignent les Forêts où ses Commenceaux , ni même son Fils ne pouvoient chasser ; mais ces deffenses ne concernoient que les Forêts du Roy & non pas la Chasse en général.

Un Concile de Tours convoqué de l'autorité de Charlemagne en 813. deffend aux Ecclésiastiques d'aller à la Chasse. Cette deffenfe particuliere aux Ecclésiastiques semble encore prouver ce que nous avons dit plushaut , que la Chasse étoit permise aux autres Particuliers , du moins hors des Forêts du Roy.

Dans la suite ces Deffenses s'étendirent à toutes les Forêts , c'est du moins ce qui semble résulter des Priviléges accordés par Char-

les V. en 1370. à la Ville de S. Antonin
en Rouergue , dans lesquels il déclare que
quoique par les anciennes Ordonnances, il fut deffen-
du à quelques personnes que ce fut de Chasser sans la
permission du Roy aux Bêtes sauvages , (lesquelles
néanmoins gâtent les Bleds & Vignes ,) *ils*
pourront Chasser à ces Bêtes hors des Forêts du Roy.

On voit dans des Lettres accordées par ce
Roy en 1374 aux Habitans de Tonnay en
Nivernois, que la mémoire de la liberté pri-
mitive ne s'étoit point encore perduë, *suivant*
l'ancien usage , portent ces Lettres , *Toutes person-*
nes pourront Chasser à toutes Bêtes & Oiseaux , dans
l'étenduë de la Jurisdiction , en laquelle les Seigneurs
ne pourront avoir des Garennes.

Ces permissions particulieres qui suposoient
des Deffenses antérieures, furent bien-tôt sui-
vies de Loix plus précises.

En 1396 Charles VI. deffendit expressement *aux non Nobles , qui n'auroient point de Pri-*
viléges pour la Chasse , ou qui n'en auroient pas ob-
tenus permission de personnes en état de la leur
donner: de Chasser à aucunes Bêtes grosses ou me-
nues , ni à Ciseaux , en Garennes ni dehors : il
excepta de ces deffenses *ceux des Gens d'Eglise*
auxquels ce Droit pouvoit apartenir par Lignage ou
par quelqu'autre Titre : & les Bourgeois qui vivoient
de leurs Héritages ou Rentes.

C'est dans cette Ordonnance que nous voyons pour la premiere fois la Chasse express-
sement interdite aux Artisans & Paysans,

l'exception

l'exception qu'elle contient en faveur des Bourgeois, nous fait assés entendre qu'ils n'étoient point compris dans les déffenses supposées par les Chartres particulieres dont nous venons de raporter les dispositions ; & qu'ainsi la Chasse étoit toujours demeurée libre à ceux dont les occupations n'intéressoient pas particulierement le bien de l'Etat ; on en trouve même la preuve dans l'Art. 16 de l'Ord. de 1515, qui est conforme à celle de 1396.

Les choses sont demeurées en cet état jusqu'au Regne d'Henry IV. nos Roys renouvellant de tems en tems les deffenses de chasser dans leurs Bois & Forêts seulement : voyez les Ordonnances renduës entre ces deux époques, & raportées sur le premier Chap. du Code des Chasses.

Enfin Henry IV. en 1601, fit un grand réglement sur le fait des Chasses que l'on peut regarder comme la Loi la plus complette que nous ayons sur cette matiere.

Il renouvelle les deffenses précédentes « à » toutes personnes de chasser dans ses Forêts » & Garennes, à toutes sortes de Gibier : & » hors d'icelles aux Cerfs, Biches & Faons : » si ce n'est à ceux qui avoient joüi de cette » liberté depuis la mort de François Premier.

» L'Art. 4. permet à tous Seigneurs Gentil-» Hommes & Nobles, de chasser noblement » à force de Chiens & Oiseaux, par leurs Re-» ceveurs, Garenniers, & Serviteurs Domes-

B

» tiques , dans leurs Forêts & Garennes , à
» toutes fortes de Gibier , même aux Che-
» vreuils & Bêtes noires , pourvû que ce ne
» foit qu'à trois lieuës des Forêts du Roy,
» pour lefd. Chevreuils & Bêtes noires. »

L'on auroit pu fur cet Article former la
queſtion de favoir , ſi la ſeule propriété utile
ne donnoit pas le Droit au Propriétaire de
chaſſer indiſtinctement fur tous les Héritages
nobles ou roturiers qui lui apartenoient ; mais
la difficulté ſe trouve levée par les diſpoſitions de l'Art. 5. qui permet aux perſonnes dé-
nommées dans l'Art. 4. de tirer & faire tirer
de l'Arquebuſe par leurs Receveurs , Garenniers , & Serviteurs Domeſtiques , dans l'étenduë de leurs Fiefs , & fur les Terres, Eaux,
& Marais qui en dépendent ; les Art. 14,
15 , & 28 du Titre des Chaſſes de l'Ordonnance du Mois d'Août 1669 , contiennent en
Termes plus formels les mêmes diſpoſitions.

Il réſulte de tous ces réglemens que parmi
nous, le Roy a préſentement ſeul le Droit pri-
mitif de Chaſſe : que tous les autres le tiennent de lui : ſoit par inféodation , ſoit par
conceſſion ou par privilege ; & qu'il eſt le
Maître d'en reſtraindre ou étendre l'Exercice
comme bon lui ſemble.

CHAPITRE IV.

§ I. *Nature du Droit de Chasse.*

LE Droit de Chasse est un Droit Domanial & Féodal ; il apartient essentiellement
au Seigneur du Fief, ainsi qu'il est dit dans un
Ar. prononcé en Robes rouges le 17 Mars
1573. cité par *Gallon Pag.* 588. T. 2. *Edit. de*
1752. La raison de ce principe, est que tout
le Terrain qui compose un Fief, apartient en propriété utile & en propriété directe au Seigneur
du Fief : cela est incontestable ; dès-là le Gibier
est nourri sur sa terre, & en est pour ainsi dire
un fruit ; aussi Loisel en ses Inst. Cout. L. 2.
Tit. 2. Reg. 51. dit QUI A FIEF, A DROIT
DE CHASSE.

Nos Roys qui ont fait plusieurs réglemens
sur cette matiere, n'ont pas prétendu disposer
de la Chasse comme d'un Droit Royal & qui
fut un apanage de la Souveraineté, comme
le prétend l'auteur du Code des Chasses Pag.
21 & suiv. Edit. de 1720. Mais ils ont cru
avec raison que comme il pouvoit arriver
beaucoup d'abus & de désordre dans l'usage
de la Chasse, il étoit de leur sagesse d'en régler l'Exercice. C'est cequi fait dire à M. Le
Bret, dans son traité de la Souveraineté des
Roys Liv. 3. Chap. 4. que les Princes Sou-

B ij

verains ont la puissance de régler la Chasse,
de la deffendre & de la permettre à qui bon
leur semble ; ce qui n'est qu'une suite de la
Police générale qui est entre leurs mains, comme il paroît, si l'on entre dans le sens de l'auteur, lorsqu'il ajoute que le Droit de Chasse
est plûtôt un Droit de Seigneurie que de Souveraineté.

L'Ordonnance de 1601 permet aux Gentil-
Hommes de chasser ou faire chasser sur l'é-
tenduë de leurs Fiefs, & non sur l'étenduë
de leurs hautes Justices ; l'Art. 26 du Titre
des Chasses de l'Ordonnance des Eaux & Forêts, déclare les Haut-Justiciers en Droit de
chasser en personne sur les Fiefs situés dans
l'étenduë de leur haute Justice, sans pouvoir
y envoyer chasser, ni empêcher le Propriétaire
d'y chasser.

Par là cette Ordonnance décide bien nette-
ment que le Droit de Chasse *n'est Droit de Haute
Justice que comme Droit honorifique* pour y chasser
en personne ; en un mot que la Chasse est au
Propriétaire du Fief, que c'est un Droit
Féodal.

Maxime générale.

C'est donc uniquement comme éxerceant
cette Police générale qui leur apartient dans
toutes sortes de matieres, que nos Roys ont
fait plusieurs réglemens sur le fait des Chasses.
L'objet général de ces réglemens, est d'en

reftraindre & d'en modifier l'ufage , enforte
que l'on peut tenir pour maxime dans cette
matiere ,

Que tout ce qui n'eft pas deffendu par nos Ordon-
nances , en fait de Chaffe , DEMEURE PERMIS
en vertu de cette liberté naturelle qui fubfiftoit anci-
ennement , & qui fe maintient dans tout ce qui
n'eft pas expreffement prohibé. Cochin , Confult-
tation.

***

§. II. *Si le Droit de Chaffe eft prefcriptible.*

On a demandé fi le Droit de Chaffe étoit
prefcriptible ? queftion felon moi auffi facile à
réfoudre qu'inutile à propofer. Dès que le
Droit de Chaffer eft attaché à la propriété du
Fief ou de la haute Juftice , il eft inconteftable
ble qu'il faut avoir un Fief ou une haute Juftice pour pouvoir ufer de ce Droit ; & qu'il ne
peut conféquament fe prefcrire , qu'en prefcri-
vant le Fief ou la haute Juftice dont il n'eft
qu'une fuite & une dépendance inféparable :
en un mot il en eft de ce Droit comme de
tous les Droits honorifiques , qui ne peuvent
s'acquerir que conjointement avec la Glebe
Seigneuriale à laquelle ils font attachés.

CHAPITRE V.

A qui la Chasse est permise ou deffenduë suivant nos Loix.

VErs la fin de la seconde Race de nos Roys, & au commencement de la troisieme, les Gouverneurs des Provinces & Villes, qui n'étoient que de simples Officiers, s'étant attribué la propriété de leurs Gouvernemens, il y a apparence que ces nouveaux Seigneurs, & ceux ausquels ils sous-inféodérent quelque portion du territoire de leurs Gouvernemens, continuerent de tenir les Forêts & autres Terres de leur Seigneurie en deffense par raport à la Chasse, comme elles l'étoient lorsqu'elles appartenoient au Roy.

Quoiqu'il en soit, en France la Chasse n'est permise qu'aux Seigneurs Féodaux, aux Seigneurs Haut-Justiciers, sur leurs Fiefs & Justices; & aux Nobles & Gentil-hommes, sur leurs Héritages qui se trouvent dans des Seigneuries apartenantes au Roy.

§. I. *Des Seigneurs Hauts-Justiciers.*

Suivant l'Art. 26 du Tit. des Chasses de l'Ord. de 1669. » les Seigneurs Haut-Justiciers, soit qu'ils ayent Censives ou non, » sont en droit de chasser dans l'étenduë de leur

» haute Juftice, * quoique le Fief apartienne
» à un autre. *Mais ils doivent ufer de ce Privilege*
» *en Perfonne* : & ils ne peuvent, ajoute cet
» Article, y envoyer chaffer aucuns de leurs
» domeftiques ou autre perfonne de leur part :
» ni empêcher le Propriétaire du Fief de chaf-
» fer dans l'étenduë de fon Fief. L'Art. 27
» porte que quand la haute Juftice eft divifée,
» le Droit de Chaffe apartient à celui qui a la
» portion la plus confidérable, & que fi les
» portions font égales, il apartient à celle de
» l'aîné. »

§. II. Des Seigneurs des Fiefs.

Les difpofitions de cet Article qui réferve
le Droit du Seigneur de Fief, jointes à celles de
l'Art. 28 qui ne deffendent la Chaffe qu'aux
roturiers non poffédans Fief, établiffent fuffifament le Droit qu'a le Seigneur Féodal de
chaffer dans l'étenduë de fon Fief, mais la
grande queftion eft de favoir comment il peut
en ufer, fi ce Droit chez le Seigneur Féodal,
eft tellement attaché à la perfonne, qu'il ne
puiffe le faire par autrui.

Pour décider cette queftion, il faut fe ra-
peller les difpofitions des Art. 4 & 5 de l'Ordonnance de 1601. l'Art. 4 contient permiffion expreffe *à tous* Seigneurs, Gentil-Hom-

* S'entend fous la Limitation remarquée.
Chap. 6. §. I.

mes & Nobles, de chasser noblement à force
de chiens & oiseaux, *par leurs Receveurs, Garenniers, Serviteurs, & Domestiques* dans leurs Forêts & Garennes, à toutes sortes de Gibiers,
même aux Chevreuils & Bêtes noires : pourvû
que ce ne soit qu'à trois lieuës des Forêts du
Roy, pour lesd. Chevreuils & Bêtes noires :
l'Art. 5 de la même Ordonnance leur permet
de tirer & faire tirer de l'arquebuse par leurs *Receveurs, Garenniers & Serviteurs Domestiques, dans l'étenduë de leurs Fiefs & sur leurs Terres, Eaux, & Marais qui en dépendent* ; aux oiseaux de passage, de faire tendre & prendre avec filets
les Lapins, Bécasses, Pluviers, & autres sortes de Gibiers: Exceptez les Liévres, Levreaux,
& Perdrix qui ne pourront être pris qu'à
force de chiens & oiseaux.

Ces deux Articles conservent manifestement
aux Seigneurs de Fiefs le Droit de chasser dans
l'étenduë de leurs Seigneuries ; car la permission qui y est donnée aux Gentil-Hommes, est
sur l'étenduë de leurs Fiefs, & non sur l'étenduë
de leurs hautes Justices ; & cette permission
n'est pas bornée à leurs personnes seules, elle
s'étend encore à leurs *Receveurs, Garenniers, & Domestiques.*

Il est vrai que l'on a prétendu que cette
liberté étoit restrainte par différentes Déclarations des années 1602, 1603, 1604, 1660, 1679,
& 1700 ; mais elles n'ont toutes que des objets singuliers, & ne donnent point atteinte à

la permiffion générale , accordée aux Seigneurs de Fiefs , de chaffer, & de faire
chaffer.

Celle de 1602 ne concerne que les Fiefs
qui étoient proche des Forêts du Roy ; &
c'eft pat raport à ces Fiefs feulement qu'elle
enjoint aux Seigneurs de ne faire tirer de l'arquebufe fur les Oifeaux de paffage, par leurs
Domeftiques , qu'en leur préfence ; ainfi la
permiffion de faire chaffer dans leurs Fiefs autrement qu'à l'arquebufe , fubfiftoit par tout,
même la permiffion d'y faire tirer de l'arquebufe , pourvû que ce fut à trois lieuës des
Forêts du Roy , porte cette Déclaration.

Celle du 14 Août 1603 fait deffenfes indif-
tinctement à toutes perfonnes de chaffer ou
faire chaffer à l'arquebufe, & ce ne fut que
par la Déclaration de 1604 , que les Seigneurs,
Gentil - Hommes & nobles furent éxceptés de
ces deffenfes.

Mais 1°. Ces réglemens ne changeoient
point la liberté donnée par l'Edit. de 1601 , aux
Seigneurs de Fiefs , de faire chaffer par leurs
Serviteurs , autrement qu'à l'arquebufe , c'eft-
à-dire , à Chiens courans , Oifeaux & Filets.

2°. Par raport à la deffenfe de faire chaffer à l'arquebufe, elle n'eft fondée que fur
les circonftances du tems , où il fe commettoit
beaucoup de meurtres, comme le Roy l'explique dans la Déclaration du 14 Août 1603.
Celles qui font intervenuës depuis , font fon-

dées sur les mêmes motifs : & même Sa Majesté, après avoir renouvellé dans celle du 9
Septembre 1700, les inhibitions & deffenses
portées par celles de 1679, ajoute que leurs
dispositions ne pourront empêcher l'éxécution
de l'Edit du Mois d'Août 1669, sur le fait
des Chasses, qui sortira son entier effet, ensorte
que les deffenses qu'elles contiennent, n'ont été
regardées que comme passageres.

Quand ces tems de trouble ont été passés,
chaque Seigneur a usé publiquement dans son
Fief de la liberté de chasser & de faire chasser,
conformement à l'Edit de 1601 qui est de-
meuré dans toute sa force. Aussi le 1 Art. du
Tit. des Chasses de l'Ord. de 1669 commen-
ce-t-il par ordonner l'éxécution des Ordonnances des Roys prédécesseurs, sur le fait des
Chasses, & spécialement de celles des
Mois de Juin 1601, & Juillet 1607; ensorte que l'autorité de l'Edit de 1601, est
pleinement confirmé.

Au surplus, l'Art. 15 du même Tit. leur
permet de tirer de l'arquebuse sur toutes
sortes d'Oiseaux de passage & de Gibier, à
une lieuë des plaisirs.

Enfin l'Art. 26, qui est celui qui paroît
avoir plus de rapport à la question présente,
permet au Seigneur Haut-Justicier de chasser
en personne dans le Fief sur lequel s'étend sa
haute Justice, sans pouvoir empêcher le Seigneur de Fief de chasser, *vide supra* §. 1. P. **18.**

Tel eft le dernier Reglement que nous ayons fur cette matiere : cet Article tout feul ne répandroit peut - être pas un grand jour fur cette queftion ; car en permettant au Seigneur Haut - Jufticier, de chaffer en per-fonne dans le Fief fur lequel s'étend fa haute Juftice, fans pouvoir empêcher le Seigneur du Fief de chaffer, il ne s'explique pas fi le Seigneur de Fief peut faire chaffer par d'au-tres.

Mais ce filence ne peut être oppofé aux Seigneurs de Fiefs par deux raifons.

La premiere, que fuivant la maxime que nous avons pofé au Chapitre précédent, *Tout ce qui n'eft pas deffendu en fait de Chaffe, doit être regardé comme permis.* Le Roy a deffendu aux Seigneurs Haut - Jufticiers de faire chaffer par leurs Domeftiques & autres perfonnes de leur part ; il ne l'a point deffendu aux Seigneurs de Fief : c'en eft affés pour que ceux - ci confer-vent la liberté qui leur eft laiffée.

La feconde, eft que l'Ordonnance de 1669, enjoignant l'Exécution de celle de 1601 ; il faut remonter à celle - ci, & la fuivre dans tout ce qui n'eft point détruit par celle de 1669. Or l'Edit de 1601, permettoit conf-tament *aux Seigneurs de Fiefs de chaffer, & faire chaffer, dans l'étenduë de leurs Fiefs.* Si depuis il y a eu quelques modifications, c'eft feu-lement par raport à l'ufage de l'arquebufe, qui étoit l'occafion de la plûpart des défordres qui arrivoient dans la société ; mais elles sont levées tant par l'usage général qui s'est observé depuis la cessation des abus que les Loix faites à ce sujet vouloient prevenir, que par la disposition textuelle de l'Ordonnance de 1669 qui permet, Art. 15. du Tit. 30, à ceux qui ont Droit de Chasse, de tirer de l'arquebuse, pourvû que ce soit à une certaine distance des plaisirs.

Ainsi pour empêcher les Seigneurs de Fiefs de faire chasser, il faudroit une prohibition textuelle dans nos Ordonnances, & on n'en peut citer aucune qui la contienne ; aucontraire l'Edit de 1601, confirmé par l'Ordonnance de 1669, permet aux Seigneurs de Fief de faire chasser par leurs Receveurs & Domestiques dans l'étenduë de leurs Fiefs & sur les Terres, Eaux & Marais qui en dépendent. L'Art. 3 de la Déclaration du Roy du 27 Juillet 1701, portant réglement sur les Capitaineries du Duché d'Orleans, en permettant aux Capitaines de veiller à la conservation des Chasses, & punition des coupables, leur deffend expressement d'empêcher les Seigneurs Haut-Justiciers ou les Seigneurs de Fiefs, ayánt Censives & Vassaux, de chasser, *eux & leurs enfans ou amis.*

Il est bon d'observer que ces termes, leurs enfans ou amis ne peuvent se raporter qu'aux Seigneurs de Fief, puisque l'Ordonnance dit positivement que les Seigneurs
Haut-

Haut-Justiciers ne peuvent y envoyer, ce qui est encore décidé par l'Arrêt du 13 Mars 1702 que nous allons raporter.

On ne peut donc pas leur contester ce Droit. C'est le sentiment des auteurs & la Jurisprudence des Arrêts.

Celui de 1566 pour le Fief de Villenaude, raporté par Bacquet des Droits de Justice, Chap. 33, y est formel ; il maintient le Seigneur de Fief dans le Droit de chasser & faire chasser dans l'étenduë de son Fief, malgré le Seigneur Haut-Justicier qui s'y opposoit.

Celui du 13 Mars 1702 raporté au Code des Chasses, Pag. 460 & au Code Rural, Pag. 251 l'est égallement. Le Sr. Guerin avoit conclu par Requête du 8 Mars 1702, « à ce qu'il fut fait deffenses à la Damoiselle » De Ryants d'envoyer ses Domestiques chas- » ser sur ses Fiefs & Terres qui relevoient de » la Haute-Justice de Vaujours, à lui aparte- » nante. » L'Arrêt le déboute de cette demande & lui fait deffenses d'envoyer chasser aucuns Domestiques ni autres personnes sur les Terres de la Damoiselle De Ryants relevantes de lui. Le même auteur raporte encore Pag. 263 un Arrêt du 11 May 1733 , extrémement favorable au Droit des Seigneurs de Fief, dont voici l'espéce.

Monsieur le Président Morel poursuivoit extraordinairement en la Table de Marbre le

Sieur Prevôt de l'Iſle , Procureur du Roy de la Maitriſe de Sezanne pour délits en fait de Chaſſe par lui commis ſur ſes Terres , & pour l'avoir empêché d'y faire chaſſer par ſes Gardes & autres : la Sentence intervenuë ſur les Conclusions du Subſtitut de M. le Procureur-Général , le 21 Avril 1731 , fit deffenſes à M. le Préſident Morel de permettre à ſes payſans de s'attrouper avec armes , ſous quelque prétexte que ce fut , même de chaſſer , à moins que la Chaſſe ne ſe fit en ſa préſence ou de quelques Gentil - Hommes.

Pendant ce tems , le Sieur Prevôt pourſui-voit deux Gardes de M. le Préſident Morel avec quatre Habitans de ſa Terre du Meix en la Maitriſe de Sezanne , où il intervint Sentence le 4 Janvier 1731 portant condamnation de cent livres d'amende contre chacun deſd. Gardes & Habitans , pour prétendu port d'Armes , & pour avoir chaſſé à cri & à chiens dans les Bois de la côte du Meix ; ſur l'apel interjetté de cette Sentence par M. le Préſident Morel , prenant le fait & cauſe de ſes Gardes & Habitans , intervint Sentence en la Table de Marbre le 28 Avril 1731 , qui donna Acte à M. le Préſident Morel de ſa priſe de fait & cauſe pour leſd. Gardes & Habitans , & en infirmant lad. Sentence déchargea leſd. Gardes des condamnations contre eux prononcées , & condamna ſolidairement les quatre Habitans y dénommés en chacun dix livres d'amende pour port d'armes, leur fit deffenses de s'atrouper & s'armer, sous quelque prétexte que ce fut, & même de chasser à l'avenir, s'ils n'y étoient autorisés par la présence de leur Seigneur, ou de quelque Gentil-Homme.

M. le Président Morel ayant interjetté apel de ces differentes Sentences au Parlement, il y obtint sur les conclusions de M. Jolly de Fleury, Avocat-Général, l'Arrêt dont est question, plaidant Me. Lenormand pour M. Morel, & Me. Laverdi pour le Sieur Prevôt, par lequel LA COUR *maintint & garda M. le Président Morel dans son Droit de chasser & faire chasser sur ses Terres qui bon lui sembleroit, & le déchargea avec ses Gardes de Chasses & Habitans des comdamnations contre eux prononcées.*

Rien de plus précis que cet Arrêt. La Cour proscrivit également la décision de la Maitrise de Sezanne qui s'étoit fondée sur le port d'armes ; & la distinction faite par les Juges de la Table de Marbre, des Gardes d'avec les Habitans : & de la présence ou de l'absence du Seigneur que ce Siege avoit précédament adopté dans un Jugement raporté au 1. Vol. du Code des Chasses. Pag. 452. Edit. de 1720.

M. Salvaing, Traité de l'usage des Fiefs, Chap. 36, regarde la prétention des Seigneurs Haut-Justiciers comme injuste.

L'auteur des Nouvelles Nottes sur le Code des Chasses pag. 454, se détermine contre le Seigneur Haut - Justicier.

Deserres en ses Institutions au Droit François, p. 110, se déclare pour le Seigneur de Fief.

L'auteur du Code Rural, Chap. 9. Art. 4. pose pour Maxime « que les Seigneurs Féodaux « sont en possession de faire chasser leurs en-« fans, leurs amis & autres ausquels ils donnent « des Permissions même d'avoir des Gardes-« Chasse & des Tireurs à gage, & de mener & « envoïer leurs domestiques à la Chasse. »

Enfin l'usage général, on le peut dire, est pour le Seigneur de Fief, par tout on voit les Seigneurs sans Justice chasser & faire chas-ser dans leurs Fiefs, sans que les Seigneurs Haut - Justiciers s'en plaignent, & cet usage, s'il ne fait pas Loi, est du moins d'un grand poids dans cette matiere, parce qu'il dérive de l'ancienne liberté, & qu'il démontre que les deffenses des Ordonnances n'ont aucune-ment restraint le Droit des Seigneurs de Fiefs.

Il est inutile de dire que les Seigneurs Hauts - Justiciers ont la connoissance des délits en fait de Chasse, car étant Juges ordinaires du Territoire, il faut bien qu'ils connoissent des délits qui y arrivent; mais la connoissance d'un délit commis n'entraîne aucune propriété du Droit qui est blessé par ce délit.

On peut donc poſer pour maxime certaine
que les Seigneurs Féodaux ſont dans le Droit
de chaſſer & faire chaſſer par qui bon leur ſemble , dans l'étenduë de leurs Fiefs , & même
à l'arquebuſe , ſans que les Seigneurs qui ont
la haute Juſtice ſur ces Fiefs puiſſent les en
empêcher. *Vide infra.* §. 10.

---

§. III. *Des Seigneurs Dominans.*

On a demandé ſi le Seigneur Dominant ,
comme dominant , a Droit de Chaſſe ſur
les Fiefs de ſes Vaſſaux : Pocquet de Livonniere P. 627. Lainé ſur le Chap. 26 du C.
des Ch. p. 441. Gallon ſur l'Art. 26 du Tit.
30 de l'Ord. de 1669 . pag. 588. édit. de
1752. ſoutiennent l'affirmative.

« La Chaſſe étant un Droit de Féodalité
» auſſi bien que de Juſtice , j'eſtime , dit Li-
» vonniere , que tout Seigneur Dominant peut
» chaſſer dans toute l'étenduë de ſa Féodali-
» té , même ſur le Fief de ſon Vaſſal , l'Or-
» donnance ayant maintenu le Seigneur de
» Fief au Droit de Chaſſer dans l'étenduë de
» ſon Fief , or les Terres de ſes Vaſſaux ſont
» dans l'étenduë de ſon Fief , & font partie
» de cette étenduë & de ſa Féodalité. » Il cite
pour apuyer ſon ſentiment l'Arrêt du 13.
Mars 1702 que nous avons raporté ci - deſſus , & un Arrêt du 21 Février 1682 raporté

C iij

au Code des Chaſſes p. 449. Mais il eſt facile d'écarter les préjugés qu'il leur ſupoſe. 1°. Quoi- que par l'Arrêt du 13 Mars 1702 la Cour ſe ſerve du terme *Relevant*, qui peut s'apliquer au Seigneur Dominant, comme au Seigneur Haut-Juſticier, il eſt cependant vrai qu'il n'étoit point queſtion des Droits du premier, auſſi le Sieur Guerin qui avoit la Haute-Juſtice ſur les Fiefs de la Damoiſelle De Ryants, ne ſe ſervoit-il que des moyens que lui fourniſſoit ſa Haute-Juſtice, il demandoit expreſſement par ſa Requête du 8 Mars 1702 « qu'il fut » fait deffenſes à la Damoiſelle De Ryants, » d'envoyer ſes Domeſtiques chaſſer ſur ſes » Fiefs & Terres qui relevoient de ſa Haute- » Juſtice de Vaujours ; » (*& non de ſon Fief Dominant de Vaujours.*) La Cour n'eut aucun égard à ſa demande, & le maintint dans le Droit de chaſſer en perſonne ſur les Terres & Seigneuries de la Damoiſelle De Ryants, *Relevantes de lui* ; Droit qui lui apartenoit comme Haut-Juſticier, & que la Damoi- ſelle De Ryants ne lui conteſtoit pas. Il ſuffit de lire l'Arrêt pour ſentir l'équivoque qui a amené la déciſion de Livonniere, & ſe con- vaincre en même tems qu'il n'étoit nullement queſtion entre les parties de la mouvance d'aucun Fief ; mais ſeulement du reſſort de la Juſtice, en conſéquence de laquelle le Sieur Guerin ſe croyoit en Droit de gêner la liberté de la Damoiſelle De Ryants.

2°. Quand au prétendu Arrêt du 21 Fevrier 1682, il suffira d'obferver que ce n'eft qu'un Jugement de la Table de Marbre fujet à l'apel & d'ajouter avec l'auteur des Nouvelles Notes fur le Code des Chaffes, que ce Jugement dans lequel on ne voit pas fi ce Seigneur Dominant n'étoit pas en même tems Haut - Jufticier, n'eft point affés précis pour donner un nouveau concurrent au Seigneur de Fief, & le priver d'un Droit certain.

Dans le principe par la conceffion du Fief fans réferve, le Vaffal une fois invefti, joüit de fon Fief, *pleno jure*. Il peut même former complainte contre fon Seigneur qui entreprendroit fur fes Droits; & il eft inconteftable que le Droit de Chaffe eft un Droit de fon Fief. Or fi fans aucune réferve le Dominant comme Dominant y avoit Droit, ce feroit l'autorifer à ufer des Droits de fon Vaffal, ce feroit empêcher le Vaffal de joüir de fon Fief, *pleno jure*.

L'Ordonnance des Eaux & Forêts ne réferve le Droit de Chaffe en perfonne fur le Fief d'autrui qu'au Haut - Jufticier & non au Dominant : l'Abbé qui fupofe au lieu cité que le contraire eft porté par les Ordonnances, n'en cite aucunes, & en effet il n'y en a point.

Auffi par Arrêt du 16 May 1724, raporté fur le Chap. 26. du Code des Chaffes,

Edit. de 1734, la queſtion fut-elle décidée
contre le Dominant ; Guiot 5ᵉ. Vol. p. 826 ,
dont j'emprunte ici le langage , ajoute qu'il
ſait qu'il y en a encore un en faveur du Seigneur de Buchelay , contre le Marquis de Ro-
zai , près Mantes , Dominant de Buchelay.

De tout ce que deſſus concluons que le Seigneur Dominant n'a aucun Droit de chaſſer ſur
les Fiefs relevans de lui , ſi la Coutume des lieux ne lui en accorde la permiſſion , ou s'il ne
s'en eſt réſervé la faculté en concédant le Fief
ſervant.

§. IV. Des Gentil-Hommes.

Suivant l'Art. 119 de l'Ordonnance d'Orleans, les Nobles , quoi que ſans Juſtice & ſans
Fief, pouvoient s'exercer à l'arquebuſe dans les
héritages , & pour-pris de leur Campagne ; ce
qui s'entendoit ſur les Terres à eux apparte-
nantes & attenantes à leurs maiſons juſqu'aux
quatre chemins, ſuivant un Ar. du Parlement
de Toulouſe du 2 Juillet 1680 , rendu en faveur du ſieur De-Perget contre le Marquis De
Fontenilles ; & par un Jugement Souverain du
9 Mars 1730, rendu entre Mᵉ. Joſſe & M. De
Vignes, Seigneur De Coulomiés , raporté par
Fromental *Verbo* Chaſſe p. 57. Deſerres p. 109.

Il y a même quelques Provinces comme en
Dauphiné , où , par un Privilege ſpécial , les
Gentil-hommes peuvent chaſſer tant ſur leurs

Terres que fur celles de leurs voifins ; foit qu'ils ayent Fief ou Juftice, ou qu'ils n'en poffedent point.

Mais par le Droit général du Royaume, les Gentil-hommes qui n'ont que des Terres en Roture ou à Cens, ne peuvent y chaffer ni faire garder la Chaffe, ni empêcher les autres d'y chaffer ; c'eft ce qui a été jugé en 1736, par Arrêt rendu entre M. Le Comte de S^t. Florentin. & M. Dulac. Voyez *fuprà* Chap. 3 *in fine.*

Il en eft autrement lorfque leurs Terres font enclavées dans quelques Seigneuries apartenantes au Roy ; on tient communement qu'alors ils peuvent y chaffer, pourvû que ce foit à une lieuë des Plaifirs ; du moins c'eft ce qui paroît réfulter des Art. 14 & 15 du Tit. des Chaffes de l'Ord. de 1669 ; cependant il faut convenir qu'ils ne paroiffent point affés précis, & que cette faculté dépend beaucoup de l'ufage.

§. 5. *Des Propriétaires de Franc-Aleu.*

L'auteur des Nouvelles Nottes fur le Code des Chaffes Tom. 1. p. 351. Edit. de 1720, éleve la queftion de favoir fi les Propriétaires de Franc-Aleu font compris au nombre des Seigneurs ayant Droit de Chaffe.

Pour réfoudre cette queftion, il diftingue d'abord le Franc-Aleu noble du roturier, & décide que le Franc-Aleu noble qui a Juftice & des Vaffaux réuniffant tous les avantages

de la Juſtice & du Fief, joüit du Droit de Chaffe particuliérement attaché à ces deux prérogatives, comme les Seigneurs en qui le Fief &
& la Juſtice ſe trouvent réünis.

Mais il s'en faut bien qu'il ſoit auſſi précis ſur
la ſeconde queſtion ; il y établit ſeulement des
raiſons de douter, & laiſſe entrevoir ſon pan-
chant pour la négative ſans rien décider.

Il n'eſt pas difficile d'apercevoir dans notre
Hiſtoire combien les Gentil-hommes ont été
jaloux de la Chaſſe, & les éforts qu'ils ont fait
pour s'en arroger le Droit excluſif au préjudice
de la liberté naturelle qui l'établit en faveur de
tous les hommes ; pour y parvenir on inſinua,
peut-être, que conformement au Droit Civil des
Romains, chaque particulier avoit droit d'interdire l'entrée de ſon héritage à celui qui le
feroit dans la vuë d'y chaſſer ; les Gentil-hommes qui poſſedoient ſeuls des Fiefs formants des
Terres d'une grande étenduë, uſerent de l'uſage établi pour en deffendre l'entrée aux Chaf-
ſeurs ; d'abord d'une partie qui ſe nomma Garenne, enſuite du total ; & de ce ſiſtéme ré-
pandu & acrédité, s'eſt formé le Droit que
nous voyons établi aujourd'hui, & qui reſtraint
la liberté de chaſſer aux ſeuls Seigneurs des
Fiefs & Juſtices.

Les Roturiers qui ne poſſedoient aucunes de
ces Terres, perdirent ainſi un Droit qu'on ne
leur conteſtoit pas, de maniere que lorſqu'ils
obtinrent, en payant certains Droits, la per-

miſſion de poſſéder des Fiefs, ils profitérent de la liberté qui leur avoit été laiſſée, & qui a été depuis confirmée par l'Art. 28 du Tit. 30 de l'Ordon. de 1669.

Mais il n'en fut pas de même des Propriétaires de Franc-Aleu Roturiers, ces Terres qui ne formoient que de petites poſſeſſions renfermées dans de plus conſidérables, ne purent ſe maintenir contre des prétentions ſoutenuës d'une grande puiſſance, ils abandonnerent donc facilement un Droit que rien ne protégeoit, & dont ils ne pouvoient uſer ſans inconvenient; deſorte que le Droit de chaſſer ſur ces Terres eſt reſté au Haut-Juſticier qui n'y a point de concurrens comme ſur les Fiefs.

Au ſurplus, tout ceci ne forme que des conjectures qu'il ſeroit difficile d'établir par des preuves à l'abri de toute critique, & je ne prétend pas leur donner plus de poids qu'elles ne méritent.

Quoiqu'il en ſoit, il y a lieu de dire que l'Ordon. ſe ſervant du terme *Seigneurs*, qui ne peut convenir à des Propriétaires de Franc-Aleu Roturier ; ces Propriétaires ne peuvent effectivement chaſſer ſur les héritages qu'ils poſſédent en Franc-Aleu, parce que ces Héritages ne jouiſſent d'aucunes des prérogatives de la Seigneurie Publique, ni de la Féodale, qui ſont les ſeules Seigneuries connuës dans nos dernieres Ordon. *Vide Deſerres*, *Inſtitution au Droit François, p. 111.*

§. VI. Des Eccléfiaftiques.

Il eft expreffement deffendu par les Canons aux Eccléfiaftiques de chaffer, celui convoqué à Tours par Charlemagne en 813, eft formel. Ceux raportés au Code des Chaffes Tom. 1. p. 143. édit. de 1720, ne le font pas moins, ainfi que le fentiment des Peres cités par le même auteur.

Nos Ordon. ne font pas à beaucoup près auffi précifes, tout ce qui paroît en réfulter, c'eft qu'elle leur eft interdite également comme aux Laïcs, car l'Ordonnance de 1600 déclare feulement que cet éxercice leur eft indécent, mais elle ne leur deffend point à raifon de leur qualité, & les met au même niveau pour la punition, ce qui laiffe toujours fubfifter la queftion de favoir fi la Chaffe ne leur eft pas permife dans le cas où elle eft libre aux Laïcs, c'eft-à-dire, lorfqu'ils ont un Fief ou une Haute - Juftice : plufieurs auteurs fe font décidés pour la négative, & ont cité, pour apuïer leur fentiment, la Déclaration de 1704, renduë pour la Capitainerie d'Orleans; ce qui ne paroît pas bien exacte.

Car, 1o. Cette Déclaration ne forme point une Loi générale, & par confequent donne feulement à préfumer des intentions du Souverain, ce qui ne fufit pas pour priver de l'exercice d'un Droit. 2°. Quand cette Déclaration formeroit une Loi générale, elle ne concerneroit

neroit que les Capitaineries, en conſequence de cette Maxime, *que toute Loi qui deffend ne s'etend jamais du plus au moins.* Ce qui arriveroit ſi celles faites pour une Capitainerie pouvoient avoir lieu dans les Seigneuries particulieres.

3°. Quoique les Canons ayent indifiniment deffendu la Chaſſe aux Eccléſiaſtiques, nous ne voyons pas que nos Ordonnances ayent adopté les mêmes principes, au contraire celle de Charles VI. du mois de Janvier 1396, dont nous avons déja parlé, *exceptoit les perſonnes d'Egliſe qui en avoient le Droit.* Ce qui fait voir le faux de la maxime établie par Gallon ſur l'Art. 26 du Tit. 30. que la Chaſſe eſt expreſſement deffendue aux Eccléſiaſtiques.

Une réfléxion bien ſimple donnera du jour à cette queſtion.

Les Canons ont deffendu expreſſement & ſans aucunes exceptions la Chaſſe aux Eccléſiaſtiques : mais ces deffenſes qui n'avoient d'autre objet que de réprimer la fureur de quelques Eccléſiaſtiques, qui, pour ſe livrer aux plaiſirs de cet éxercice, négligeoient les devoirs de leur état, ne concernoient & ne pouvoient concerner les Eccléſiaſtiques, que comme Miniſtres de l'Egliſe, & non comme membres d'une ſociété civile, ou comme ſujets d'un corps politique; ſi vrai que pluſieurs auteurs ont même prétendu qu'elles ne comprenoient que ces Chaſſes d'apareil qui

D

consument souvent plus de tems qu'on ne le
desire, & qui accoutument comme par dé-
grés à une rudesse qui blesse cet esprit de
charité, qui caractérise les Ministres de la
paix : de là Sa Majesté qui ne vouloit donner aucune atteinte aux Droits des Particuliers, dans l'établissement de la Capitainerie
d'Orleans ; instruite que beaucoup d'Ecclésiastiques scrupuleusement attachés à la sainteté de
leur ministere, réveroient encore les Loix
d'une discipline à l'éxécution de laquelle ses
législateurs même, cessoient d'être attentifs ;
leur permit indéfiniment de commettre *une*
personne pour chasser en leur place : afin que les
deffenses de faire chasser aucuns Domestiques,
sous - entendues dans cette déclaration, ne
leur rendit pas inutile un Droit qu'il avoit
intention de leur conserver. Et si cette Ord.
ne fit aucunes exceptions, cela ne peut être
regardé que comme une attention de la part
du Législateur, qui ne souffrit pas que l'on
blessât par des distinctions morales, le respect
dû à un Ordre dont tous les membres font
profession de se distinguer par des mœurs
également pures ; or cette permission n'étant
en effet qu'une faveur du Souverain, c'est
donc mal à propos qu'elle a été rétorquée
contre eux, par les fausses conséquences que
l'on en a tiré, en étendant mal à propos ses dispositions hors des lieux particuliers
pour lesquels elle a été singulierement faite.

En deux mots, dans la Capitainerie d'Orleans, les Seigneurs Laïcs ne peuvent chasser que par eux, leurs enfans ou amis, & les Seigneurs Ecclésiastiques peuvent encore le faire par le ministere d'un domestique, en le faisant recevoir à cet effet. Cette précaution prévient l'abus qu'on auroit pu faire de la permission en faisant chasser plusieurs Domestiques à la fois dans differens lieux, ce qui n'auroit pu se découvrir que par des raports multipliés.

Les Arrêts, disent les Auteurs, ont étendu cet usage aux Valétudinaires, aux Femmes, &c.

Mais sans entrer dans l'éxamen de savoir si cela étoit nécessaire, ne peut-on pas dire que comme on ne pourroit l'oposer (cet usage) aux Femmes & aux Valetudinaires qui oublieroient la foiblesse de leur sexe ou de leur tempérament, pour s'exposer aux suites des fatigues qu'occasionne un éxercice aussi pénible ; on ne peut non plus le faire aux Ecclésiastiques qui ne porteroient pas le scrupule jusqu'à l'observation rigoureuse des Canons qui leur deffendent la Chasse, parce qu'enfin c'est un Droit établi en faveur de ceux qui ne veulent ou ne peuvent en user, & non pas une conséquence des deffenses qui leur ayent été faites de le faire, ce qui seroit nécessaire pour autoriser les maximes que la plus part des auteurs ont établi contre leur Droit.

Loin que ces maximes ayent quelque chofe de réel, l'Ordon. de 1396 très-poftérieure aux Canons, leur permet expreffement de chaffer s'ils en ont le Droit; celles de 1515, 1601, 1669, non plus que la déclaration de 1701, ne leur deffendent point de le faire: cela fuffit pour qu'ils en confervent la liberté, & qu'ils en puiffent faire ufage lorfqu'ils fe trouveront dans le cas prévu par les Ordon. parce qu'une Loi pofitive ne peut être détruite que par une difpofition précifément contraire, & on n'en trouve aucune contre les Ecclefiaf-tiques depuis l'Ord. de 1396 : auffi voit-on dans l'ufage que les Ecclefiaftiques s'adonnent fur leurs terres au plaifir de la Chaffe, fans que les Juges féculiers ni même leurs Supé-rieurs Ecclefiaftiques faffent la moindre démar-che pour le leur interdire. Il eft vrai que des auteurs ont avancé le contraire & ont même raporté des Arrêts pour prouver leur opinion. (*Vide* Gallon fur l'Art. 35 du Tit. 30 de l'Ordon. de 1669.) Mais en lifant ces Arrêts, on voit facilement qu'ils n'ont été rendus que contre des Ecclefiaftiques qui avoient chaffé fur des Terres qui leur étoient étrangeres : ce qui ne prouve rien contre le Droit qu'ils ont de chaffer fur celles qui leur apartiennent : en effet quel Droit blefferoit un Ecclefiaftiq e qui chafferoit fur les terres qui lui apartiennent, à quelle Loi feroit-il réfractaire ? feroit-ce aux deffenfes portées par les Canons? mais cette défobéiffance ne bleffant tout au plus que la décence de fon état, ne pourroit jamais fervir de prétexte aux plaintes des Particuliers qui n'ont aucun Droit de reprehenfion à cet égard; ils fe metroit donc tout au plus dans le cas d'être réprimé par fon Supérieur Ecclefiaftique, d'encourir les Cenfures que l'Eglife met en ufage contre ceux de fes Miniftres qui négligent d'obferver les Loix de fa difcipline, mais jamais dans celuí d'un Délit qui bleffât aucunes des Loix de la puiffance temporelle, ni qui put par conféquent être réprimé par elle. On peut donc conclure de là que lorfque les Séculiers opofent aux Eccléfiaftiques les Loix de leur état, ils mettent en ufage un moyen qui ne peut leur être d'aucun fecours.

Ils ne bleffent aucunes difpofitions des Ord. de nos Roys, au contraire celle de 1669. Art. 14 & 28 du Tit. 30. permet à tous Seigneurs de chaffer dans leurs Forêts, Buiffons, Garennes & Plaines; elle n'en excepte point les Ecclefiaftiques: ils peuvent donc chaffer dans toutes leurs Seigneuries: le Roy n'a aucun intérêt de leur deffendre; car après la permiffion qu'il a donné, *à tous Seigneurs,* leur qualité lui devient indifférente; les Particuliers ne peuvent non plus s'en plaindre: car dès que l'on admettra les Ecclefiaftiques à faire chaffer leurs domeftiques, ils auront intérêt de conferver la Chaffe, & par confé-

D iij

quent, le Droit de la faire garder, & d'en deffendre l'ufage à ceux qui n'en tiendront pas le Droit des Ordon.

Un Arrêt du grand Confeil cité par Deni- fart *Verbo* Chaffe, rendu entre l'Abbé & les Moines de S. Gildas en Bretagne le 20 Sep- tembre 1740, a jugé conformement à un précédent du 20 Avril 1726, que le Droit de Chaffe fur les Terres qui compofent le Chef lieu d'une Abbaye, apartient à l'Abbé feul, lors même que par un partage elles fe trouvent dans le lot des Religieux.

Au refte ce font les Juges, qui connoiffent des matieres des Eaux & Forêts, qui doivent connoître des délits en fait de Chaffe, com- mis par les Ecclefiaftiques ; nous en parlerons plus au long dans le Chap. 18. en traittant des Juges des Chaffes.

§. VII. *Des Roturiers.*

Il eft deffendu par l'Art. 28 du Tit. des » Chaffes de l'Ordon. de 1669 « aux Mar- » chands, Bourgeois, Artifans, Payfans & » Roturiers de quelque état & qualité qu'ils » foient, *non poffedans Fiefs, Seigneuries & haute* » *Juftice*, de chaffer en quelque lieu, forte & » maniere, & fur quelque Gibier de poil ou » de plume que ce puiffe être : à peine de » cent livres d'amende pour la premiere fois, » du double pour la feconde, & pour la troi-

» fieme d'être attaché trois heures au carcan
» du lieu de leur réfidence, au jour de mar-
» ché, & bannis durant trois années du ref-
» fort de la Maîtrife; fans que pour quelque
» caufe que ce foit, les juges puiffent re-
» mettre ou modérer la peine, à peine d'in-
» terdiction. »

Cet. Art. eft trop précis pour pouvoir
être éludé, ainfi il faut tenir pour maxime
conftante que hors les Roturiers propriétaires
de Fief ou haute Juftice, aucun autre ne peut
chaffer fans fe mettre aux rifques d'encourir
les peines prononcées par cet Art. mais voyez
infra. §. 10. *p* 50

C'eft fur ce fondement que plufieurs particuliers ont été condamnés en cent livres
d'amende par divers Jugemens raportés par
Gallon fur cet Art., & que quelques habitans
de la Ville de Montmorillon en Poitou, qui
prétendoient être en Droit de chaffer dans la
Banlieüe de lad. Ville, furent condamnés en
cent livres d'amende, par Sentence de la
Maîtrife de Poitiers du 28 Juin 1681, confirmée par Jugement de la Table de Marbre
du 19 Septembre 1682 : & que ceux d'Efpi-
nal en Loraine furent déboutés d'un femblable
ble Privilege, par Arrêt du Confeil d'Etat
du 8 Novembre 1689. *M. Segaud fur Gallon,*
Conférance de l'Ordon. des Eaux & Forêts, Edit. de
1752. raporte p. 549 deux Arrêts des 26 Février
1703, & 3 Décembre 1708, qui l'ont jugé ainfi.
Vide le Code des Chaffes p. 48.

§. VIII. *Du Fermier d'une Seigneurie Conventionel ou Judiciaire.*

M. Segaud fur Gallon p. 596 du 1er. T. demande fi le Fermier d'une Seigneurie dans le Bail duquel le Seigneur a compris le Droit de Chaffe, peut ufer de cette faculté perfonellement, & mener avec lui d'autres Chaffeurs ?

Il répond qu'en pareil cas le Seigneur qui a affermé la Chaffe, ne peut point aller contre fes engagemens, qu'ainfi il n'eft pas en Droit d'empecher que fon Fermier ne chaffe, & ne mene avec lui d'autres Chaffeurs, pourvû qu'il ufe de cette faculté avec modération. « & il ajoûte, mais fi l'affaire étoit » portée en Juftice, on a coutume de con-»damner le Fermier à une amende au profit »du Roy, & de deffendre au Seigneur d'af-»fermer la Chaffe. » Il cite deux Jugemens de la Table de Marbre de Dijon de 1723 & 1743.

Cette Jurifprudence, dit-il, eft fondée fur ce que l'Ordonnance deffendant à tous Roturiers de chaffer, il n'eft pas permis d'aller contre fa difpofition par des conventions particulieres. *Privatorum pactis juri publico derogari non poteft.* Ce qui ne paroît pas conféquent; car lorfque l'Ordonnance fait cette deffenfe à tous Roturiers, elle ajoûte cette limitation, *non poffedans Fiefs.* D'où il fuit que

c'eſt moins une deffenſe faite à tous les Roturiers, qu'une réſerve établie en faveur des
propriétaires de Fiefs. Cependant on trouve
au Code des Chaſſes T. 1. p. 357, un Juge-
de la Table de Marbre du 22 Juin 1672,
qui fit deffenſes au Sieur Commandeur de la
Salle, *de comprendre le Droit de Chaſſe dans ſes*
Baux, & à ſes Fermiers de chaſſer ni de donner
le pouvoir de chaſſer. Ce Jugement a été rendu
entre Fiacre Cerdieu, Receveur de Montigny,
& Moiſy pour M. le Duc de Geſvres, le
Sieur Commandeur de la Salle, & Gabriel
Dumas ſe diſant avoir Droit de Salomon
Dubois ; il paroît que Dumas pourſuivoit
Cerdieu pour fait de Chaſſe ſur les Terres
dépandantes de la Commanderie de Moyſy,
mais en quelle qualité le faiſoit-il ? & quel
Droit y avoit Dubois de qui il diſoit tenir le
ſien ? Le Jugement n'en dit rien, & on trouve ſeulement que le Sieur Commandeur de
la Salle déclaroit ne vouloir autoriſer les
pourſuites de Dumas, & que c'eſt en lui donnant Acte de ſon déſaveu, que le jugement
condamne Cerdieu en cinquante livres d'a-
mende, & fait deffenſes au Sieur Commandeur de la Salle de ne plus affermer la Chaſſe, mais en ſupoſant cette deffenſe juridique,
qu'en conclure contre les ſimples permiſſions
de chaſſer données à des Fermiers par leurs
Baux. La forme viciéra-t-elle le Droit ? on
croit devoir répondre que non : parce que le

sentiment contraire ne feroit qu'une pure ca-
villation. *Vide infrà* §. 10. p. 50. & suiv.

On joint à cette autorité celle de deux
Arrêts du Conseil des 22 Septembre, & 3
Octobre 1722, raportés au Code des Chasses p. 364, & suiv. de l'Edit. de 1734 ; mais
ces deux Arrêts ne concernants que les seuls
domaines du Roy, ne peuvent avoir aucune
aplication à la question que nous traitons ; &
on peut dire que ces autorités qui paroissent
d'abord contraires à l'Arrêt rendu en faveur
de M. le Président Morel le 11 Mars 1733,
raporté *supra* §. 2 de ce Chap. ne le sont
point en effet. Par un principe général que
nous avons établi au lieu cité, les Seigneurs
de Fief peuvent chasser & faire chasser par
qui bon leur semble, même hors leur présence : mais ces permissions contraires au
Droit établi en leur faveur & qui par leur
multiplicité pourroient être d'une dangereuse
conséquence si elles étoient perpétuelles, ne
sont que momentanées & révocables de plein
Droit dans quelque forme qu'elles ayent été
faites, aussi-tôt que le Seigneur qui les a
accordées le juge à propos : parce que la
Chasse étant plûtôt un Droit honorifique qu'un
Droit utile, ne peut être affermé ni concédé
irrévocablement sans la Seigneurie à laquelle
il est ataché : de là les Arrêts raportés par
M. Segaud ont, sur la demande des Seigneurs,
révoqué les permissions qu'ils avoient donnés ;

quoique quelques unes paruſſent avoir été accordées à titre onéreux, & qu'ils fuſſent même conventions expreſſes d'un Bail.

Et l'Arrêt de 1733 renvoye de la demande contre eux formée des Payſans dont M.
le Preſident Morel prenoit le fait & cauſe,
ce qui forme deux objets abſolument différens
qui devoient recevoir chacun leur déciſion
particuliere.

Quand au Fermier judiciaire d'une Terre,
il n'y peut chaſſer ni faire chaſſer, c'eſt un
Droit ataché à la perſonne du Seigneur, &
du quel lui ſeul peut diſpoſer : Arrêt du 14
Fevrier 1698. Autre de la Tournelle du 14
Fevrier 1718, raporté au Code des Chaſſes.
Bruneau des Criees Chap. 2. *p.* 50 *La Combe* verbo
Chaſſe. Code Rural Chap. 9. N°. 5.

---

§. IX. *Des Gardes des Chaſſes.*

Les Articles 6 & 7 du Tit. 30 de l'Ordon.
de 1669, leur permettent ſeulement de porter tant de jour que de nuit *des Piſtolets* pour
la deffenſe de leur perſonne, avec deffenſes
de porter aucunes Arquebuſes à Roüet ou Fuſil,
s'ils ne ſont à la ſuite de leur Capitaine.
L'Art. 13 du Tit. des Huiſſiers & Gardes
de la même Ordon. contient es mêmes diſpoſitions. Un Arrêt des Juges en dernier
reſſort du 17 Avril 1674, raporté au Code
des Chaſſes T. 1. p. 318 fait deffenſes aux

Gardes de porter aucunes armes que l'épée &
le piſtolet de ceinture, pour leur deffenſe ſeulement , & de mener aucun chien à la
campagne & dans les Bois, à leur ſuite : à
peine d'être deſtitués & d'amende.

Mais toutes ces Loix n'ont pour objet que
la conſervation du Gibier dans les Forêts &
Plaines du Roy. Et ſi l'Arrêt du 17 Avril
1674 ne s'en eſt point expliqué , ont ne peut
attribuer ce deffaut qu'à une erreur qui s'eſt
gliſſée dans ſa rédaction : la peine qu'il prononce contre eux & qui conſiſte dans leur
deſtitution & une amende le prouve : car la
deſtitution des Gardes des Seigneurs , comme
leur nomination étant de leur part, un acte
purement volontaire qui n'intéreſſe nullement
le miniſtere public, on ne peut entendre les
diſpoſitions de cet Arrêt, que des Gardes de
Chaſſe du Roy, on peut même remarquer
que ces deffenſes n'étant modifiées par aucunes exceptions, ſont plus rigoureuſes que celles des Ord. qui permettent aux Gardes de
porter des fuſils quand ils ſont à la ſuite de
leurs Capitaines: ce qui acheve de démontrer
l'erreur que nous relevons.

Les auteurs qui ſe ſont ſervis de ces autorités, n'ont donc point aſſés diſtingué les
Gardes des Particuliers d'avec ceux des Chaſſes du Roy, & même entre ces derniers,
ceux des Capitaineries d'avec les Gardes des
autres Domaines à qui on tolére de porter le
Fuſil :

Fufil : parce qu'en effet, dit M. Segaud fur
Gallon, p. 560. les piftolets ne leur feroient
pas d'une grande deffenfe : & nous ajouterons
que le motif des Ordon. dans les deffenfes
faites aux Gardes de porter des Fufils, ayant
particulierement pour objet la confervation
du Gibier dans les Capitaineries, il n'eft pas
étonnant que l'on en néglige l'éxécution dans
les autres Terres des Domaines, qui ne font
pas fi éxactement réfervées.

Mais quel raport ces deffenfes ont-elles avec
les Gardes des particuliers ? il feroit bien é-
tonnnant qu'étant maître de faire chaffer qui
bon leur femble, ils ne le fuffent cependant
pas d'envoyer leurs Gardes à la Chaffe ; cela
réfifte au principe. Auffi une Sentence de la
Maîtrife de Sezanne qui avoit condamné
deux Gardes de M. le Préfident Morel fut-
elle infirmée par Sentence de la Table de
Marbre du 28 Avril 1731 : & cette derniere confirmée par Arrêt du 11 Mars 1733.
qui eft en cela conforme à l'Art. 5 de l'Edit
de 1601 confirmé par l'Art. 1. du Tit. des
Chaffes de l'Ordon. de 1669, qui permet
aux Seigneurs de Fief *de tirer & faire tirer de
l'Arquebufe* dans l'étenduë de leurs Fiefs, &
fur les Terres, Eaux & Marais qui en dépendent. V. *fup.* p. 25 & fuiv.

On a néanmoins lieu de croire que les
Seigneurs de Fiefs peuvent empêcher les Gardes des Seigneurs Haut-Jufticiers de porter

E

le fufil fur leurs Fiefs, par la raifon qu'ils n'y peuvent chaffer, & que fans cette pré-caution les deffenfes qu'ils leur pourroient faire deviendroient inutiles.

---

§. X. Des Permiffions Particulieres.

Après avoir établi dans le §. 2. de ce Chap. contre le préjugé de plufieurs auteurs, que les Seigneurs de Fiefs font dans le Droit de chaffer & faire chaffer fur leurs Terres par qui bon leur femble; il ne nous refte plus préfentement pour détruire fans réferve le doute qu'ils ont élevé contre le Droit qui leur apartient, de donner des permiffions de chaffer à des Particuliers, que de remonter à la fource de cette erreur & de faire voir que les Ordon. qu'on leur opofe comme prohibitives de ce Droit, contiennnent au contraire des difpofitions qui lui font favora-bles, que l'obligation où l'on a quelquefois aftraint les Valétudinaires, les Veuves, & même les Eccléfiaftiques, de nommer au Greffe de la Maîtrife la perfonne à laquelle ils avoient commis l'éxercice de la Chaffe fur leurs Terres, n'eft qu'un abus qui ne fe feroit jamais introduit, fi les Officiers char-gés de maintenir l'éxécution des Ordon. de la Chaffe, n'avoient à l'afpect de l'ufage éta-bli, perdu infenfiblement de vue les motifs de la Loi qui l'avoit amené.

La premiere Ordon. que nous ayons à confidérer fur cette matiere, eft du 4 Aouft 1598. Elle contenoit des deffenfes expreffes à tous les fujets du Royaume, de porter aucunes Arquebufes, Piftolles, ou Piftolets.

Les Art. 4 & 5 du réglement de 1601 aporterent quelques modifications à ces deffenfes, en permettant à tous Seigneurs, Gentil-Hommes, & Nobles, non feulement de chaffer & tirer de l'Arquebufe dans leurs Forêts, Buiffons & Garennes, mais encore d'y *pouvoir faire chaffer & tirer de l'Arquebufe par leurs Receveurs, Garenniers, & Serviteurs, domeftiques.*

Mais la licence que les guerres terminées par les paix des Vervins & de Lion avoient introduites dans le Royaume, ayant fait fentir tout le danger de ces permiffions qui fervoient de couverture & de manteau, pour me fervir du langage des Ordon. à ceux qui vouloient abufer des armes à feu. Henry IV. pour prévenir & arrêter la fuite de ces abus, rendit une Ordon. le 14 Août 1603, regiftrée au Parlement le 16 Septembre fuivant, par laquelle il deffendit à toutes perfonnes de quelque qualité & condition qu'elles fuffent de chaffer ni faire chaffer à quelque forte de Chaffe que ce puiffe être, *avec l'Arquebufe*, en tirer, ni la porter non plus que les piftolets, à peine pour la Nobleffe d'amende arbitraire, de confifcation des armes, de quinze jours de Prison pour la premiere fois, & de la vie pour la seconde : & pour toutes autres personnes qui ne seroient pas de cette qualité, de la vie pour la premiere fois.

La sévérité de ces deffenses ayant ramené l'ordre & la tranquilité, & Sa Majesté instruite que la Noblesse n'avoit aucune part aux troubles qui y avoient été aportés, permit aux Nobles par une Déclaration du 3 Mars 1604, registrée au Parlement le 28 Avril suivant, *de chasser & tirer de l'Arquebuse* sur toutes sortes de Gibiers non deffendus par les réglemens, tant en leurs Bois que sur leurs Terres, Marais, Etangs, & Rivierres, mais elle deffendit expressement *à leurs Fermiers, Serviteurs & Domestiques d'en user.*

Ces deffenses, comme on a dû le remarquer, ne concernoient positivement que la Chasse *à l'Arquebuse*, ensorte que ceux qui avoient Droit de Chasse pouvoient sans difficulté continuer *à en permettre* l'exercice autrement qu'à l'Arquebuse, *à leurs Fermiers, Serviteurs-Domestiques, & autres personnes :* ainsi qu'ils l'avoient fait avant cette déclaration, qui n'innovoit que dans le Droit de faire chasser à l'Arquebuse seulement : ce qui n'avoit aucun raport & ne pouvoit apporter aucun changement aux autres manieres de le faire en usage, ainsi la conséquence qu'on a voulu tirer de ces deffenses cesse, & ces deffenses réitérées *aux Fermiers, Serviteurs & Do-*

mestiques dans la Déclaration de 1604, font une preuve du Droit que les Seigneurs avoient de le leur permettre.

Henry IV. ce Monarque dont la mémoire fera toujours en vénération, qui fembloit avoir borné fes vuës au feul plaifir de la Noblefle, les étendit jufqu'à leur utilité : il permit aux Seigneurs fexagénaires & infirmes, qui ne pouvoient s'éxercer à la Chaffe, de faire chaffer à l'Arquebufe par un de leurs Domeftiques, dont ils répondroient, & en leur préfence feulement, précaution néceffaire dans l'état de crife où le Royaume fe trouvoit pour lors, & dont on a mal à propos réclamé l'ufage dans un tems où ces défordres n'étoient plus à redouter.

Il n'eft point parlé dans cette Déclaration de 1604 de la formalité de faire nommer au Greffe de la Maîtrife celui de leurs Domeftiques que les Seigneurs vouloient faire chaffer : parce que dès que la préfence du Seigneur étoit requife pour l'autorifer à chaffer à l'Arquebufe, il ne pouvoit fe commettre aucune fraude contre la Loi, car tout Domeftique chaffant à l'Arquebufe hors de la préfence du Seigneur fon Maître, étoit répréhenfible ; auffi ce n'a été que par la Déclaration de 1701, qui permet aux Prêtres de faire chaffer un de leurs Domeftiques dans les Seigneuries qu'ils auroient dans l'étendue de la Capitainerie d'Orleans, que cet-

E iij

te formalité a été introduite, afin de faire connoître plus particulierement aux Gardes ceux qui doivent jouir de la permission, ne pas les exposer à faire des raports inutils, & prevenir aussi les abus qui seroient nés de la multiplicité des permissions dont un seul Domestique devoit user, sans distinction de l'absence ou de la présence de son Maître.

Dès-là on aperçoit l'inconséquence de deux maximes également fausses : mais cependant accréditées.

La premiere qui supose que nul ne peut chasser sur les Terres d'un Seigneur hors sa présence.

La seconde qui supose que la Chasse est tellement personnelle que les Femmes, les Valétudinaires & les Infirmes qui veulent faire chasser, sont astraints à nommer au Greffe de la Maîtrise, la personne qu'ils veulent commettre à cet effet.

On ne trouve la premiere de ces maximes que dans la déclaration du 3 Mars 1604, où il n'est nullement question de la Chasse en elle même, mais seulement du cas où elle se fait avec l'Arquebuse, ainsi en prenant même à la lettre la prohibition des Ordon, cette formalité ne pouvoit être requise que lorsque la Chasse se faisoit à l'Arquebuse par les Domestiques du Seigneur : on l'a donc mal à propos étendu à tous les faits de Chasse avec ou sans Arquebuse, les Loix qui deffen-

dent, devant être reſtraintes ſans aucune exten-
ſion aux cas précis qu'elles ont marquées ;
dans le Droit, cette Loi qui prenoit des précautions pour arrêter les progrès d'un trouble
paſſager, a du demeurer ſans éxécution, auſſi-
tôt la ceſſation des déſordres qui avoient o-
bligé à les prendre, *ceſſante ratione, ceſſat lex.*
Auſſi ces différentes Ordon. n'ont-elles jamais été rapellées par aucuns des Légiſlateurs
qui ſe ſont crus dans le cas d'établir les mêmes
précautions, ſi cependant ces Ordon. étoient
demeurées en vigueur, il étoit bien plus ſimple au lieu de porter une nouvelle Loi qui
contint préciſément les mêmes diſpoſitions,
d'ordonner ſimplement l'éxécution de celle
qui ſubſiſtoit, comme cela ſe pratique : à
l'égard de toutes les autres Loix dont il s'a-
git de maintenir l'éxécution (on en trouve un
exemple dans l'Art. 1. du Tit. des Chaſſes
de l'Ordon. de 1669.) Si cela ne s'eſt point
fait dans celle-ci, il en réſulte une preuve éviden-
te, qu'on la jugeoit abolie par l'introduction
de l'ancien uſage qui fut rétabli ſi prompte-
ment que l'Ordon. renduë au mois de Juillet
1607 ; c'eſt-à-dire quatre ans après la Déclaration de 1603, dont les diſpoſitions rigoureuſes ne devoient point être ignorées, ne
prononce que dix livres d'amende contre ceux
qui porteront l'Arquebuſe dans les Forêts du
Roy, tandis qu'ils auroient été punis par tout
ailleurs par la perte de la vie, ce qui ne peut

se préfumer sans admettre la suppofition que nous venons de faire du rétabliffement de l'ancien ufage dès 1607. Or par cet ancien ufage autorifé par l'Ordon. de 1396, l'Art. 15 de celle de 1515, & par les Art. 4 & 5 de l'Ordon. de 1601, il étoit libre à ceux qui avoient le Droit de Chaffe *de faire chaffer à l'Arquebufe leurs Fermiers, Serviteurs & Domeftiques.* La Déclaration de 1701 y ajoute les amis. L'Ordon. de 1669. Art. 1, ordonne l'éxécution de l'Ordon. de 1601. Et Sa Majefté par fa Déclaration du 9 Septembre 1700 concernant le port d'armes a déclaré ne vouloir donner atteinte à l'Ordon. de 1669. Or cette Ordon. confirme précifément l'ancien ufage. C'eft donc mal à propos qu'on a rapellé les difpofitions de la Déclaration du 3 Mars 1604, demeurée fans éxécution depuis 150 ans, pour autorifer une maxime qui n'a jamais eu lieu que dans un cas particulier, devenu abfolument indifferent par le prompt rétabliffement du bon ordre.

Rouffeau, Code des Chaffes p. 210, pour autorifer la maxime qui éxige la préfence du Seigneur, a encore cité l'Edit de Charles VI. du Mois de Septembre 1402, raporté dans le même ouvrage p. 109 : mais il n'a fans doute point fait attention que cet Edit ne concerne que ceux qui avoient permiffion de chaffer ou faire chaffer dans les Forêts du Roy, & qui par un abus répréhenfible en donnoient la permiſſion à d'autres, ce qui n'a aucun raport avec le Droit qu'un Seigneur a de faire chaſſer dans ſa Terre; le terme *préſente* a ſéduit ces auteurs, & partout où ils l'ont trouvé, ils ont, ſans la moindre attention, cité les Ordon. qui le contenoient pour favoriſer leur ſentiment; cela montre bien qu'il faut toujours être en garde contre les citations.

Pour autoriſer la ſeconde maxime qui ſuppoſe le Droit de Chaſſe tellement attaché à la perſonne, que les Femmes, les Valétudinaires & les infirmes qui veulent faire chaſſer doivent nommer au Greffe de la Maîtriſe celui de leur Domeſtique à qui ils déſirent donner cette commiſſion; on cite une Sentence de la Table de Marbre du 11 Juillet 1676, qui déclara que la Dame de Maudegris ne pourroit faire chaſſer ſur ſes Terres, lorſqu'elle ſeroit ſur les lieux, que par un homme qu'elle ſeroit tenuë de nommer au Greffe de la Cour, ou en celui de la Maîtriſe, duquel elle demeureroit civilement reſponſable. Et l'Art. 3 de la Déclaration du 27 Juillet 1701, concernant les Capitaineries d'Orleans, qui porte que « les Capitaines en veillant à la » conſervation des Chaſſes (dans leſd. Capi- » taineries) ne pourront empêcher les Sei- » gneurs Haut-Juſticiers ou les Seigneurs de » Fiefs ayant Cenſives & Vaſſaux, de chaſſer » eux & leurs enfans ou amis dans l'étenduë » de leurs Haute-Juſtice ou Fiefs, & les Sei-

» gneurs Ecclésiastiques de la qualité susdite,
» de commettre une personne telle qu'ils avi-
» seront pour chasser, à condition que celui
» qui sera par eux commis, sera tenu de fai-
» re regiltrer sa commission au Greffe de la
» Maîtrise des Eaux & Forêts. »

Nous allons discuter séparément ces deux
autorités, & faire voir que la premiere n'est
d'aucune considération, & que la seconde
faite pour un territoire particulier doit y être
restrainte, & ne peut s'apliquer à la thèse générale que nous discutons.

Dans le fait, avant le jugement du 11 Juillet 1676, on ne peut citer aucune Loi qui
éxige la formalité requise par ce jugement.
Il faudroit que de semblables jugemens qui
réglent des contestations entre particuliers,
& qui sont ordinairement fondés sur des faits
douteux ou équivoques, fussent rendus, pour
lever tous les doutes, en forme de reglement.

Or ce jugement est dans la forme ordinaire, & par conséquent peu propre à deve-
nir une Loi générale. Il est unique & l'espéce en est peu connuë : il ne peut donc former
une Jurisprudence universelle.

Quand on veut pénétrer ses motifs on tom-
be dans un labyrinte de supositions qui con-
duisent toutes à persuader qu'il n'est fondé
sur aucun motif raisonable.

Si les Juges de la Table de Marbre prétendoient que la Chasse fut personnelle, ils ne

devoient pas permettre à la Dame de Maudegris de faire chasser son Domestique.

s'ils se fondoient sur la Déclaration de 1604,
ils devoient savoir que cette Loi ne concer-
noit que la Chasse à l'arquebuse & qu'elle é-
xigeoit en ce cas la présence du Seigneur.

Si en suivant l'esprit de cette Déclaration
qui étoit demeurée sans éxécution depuis 70
ans, ils prétendoient établir une formalité qui
pût supléer à celle de la présence du Seigneur,
que la Dame de Maudegris n'étoit pas sup-
posée capable de preter aux Chasses qu'elle
faisoit faire, ils n'atteignoient nullement le
but qu'ils se proposoient ; en effet, il est ici
question de confier à un Domestique un exercice que l'on supose susceptible d'abus. Or pré-
viendra-t-on par la formalité requise, c'est-à-
dire par la nomination au Greffe, l'effet de
ces abus ? non sans doute. Car enfin cette nomination n'ajoute rien à la fidélité de celui
qui est commis ; s'il est également suspect ou
mérite la même confiance, cette nomination
est manifestement inutile dès-là chimérique,
& ne mérite point d'être éxécutée.

Auroient-ils prétendu au contraire que la
Dame de Maudegris n'eut que le Droit de
faire chasser un seul de ses Domestiques, &
par cette formalité mettre plus particulierement sous les yeux des Gardes ceux qui devoient être ou non, l'objet de leurs recherches ?
mais nous avons fait voir ci-dessus que les

Seigneurs de Fiefs sont non seulement dans le Droit de chasser, mais encore de faire chasser sur leurs Terres par qui bon leur semble, si cela est ainsi ; comme il est facile de s'en convaincre d'après les autorités que nous avons raporté ci-dessus & §. 2 de ce Chap. les Officiers des Maîtrises n'ont aucunes inspections à cet égard dans les Seigneuries particulieres ; (si ce n'est pour empêcher d'y chasser le Gibier deffendu,) parce que ce fait concerne l'interêt seul d'un particulier en faveur, ou contre lequel le ministere public n'a aucun Droit de s'intéresser.

Auroiént-ils fondé leurs décisions sur les Ordon. qui deffendent le port d'armes, nous croyons avoir fixé leur merite par raport à la Chasse.

Mais quand pour un moment on voudroit les rétablir dans leur vigueur, il en résulteroit tout au plus que la permission des Seigneurs de Fiefs ne pourroit autoriser à chasser à l'arquebuse ceux à qui l'usage en seroit deffendu, lorsque les Officiers préposés pour maintenir l'éxécution de ces deffenses, interposeroient leur autorité, ensorte qu'il leur seroit toujours libre d'user des permissions qui leur auroient été accordées pour chasser autrement qu'à l'arquebuse.

Si on entre dans l'esprit de ces Ordon. on verra que les deffenses qu'elles contiennnent ne concernent en aucune maniere la Chasse en

elle-

elle - même , mais feulement en tant qu'elle
fournit un motif de fe fervir de l'arquebufe ;
quand le miniftere eft obligé de faire éxécuter les Ordon. qui deffendent de le faire, ce
qui arrive ordinairement à la fin d'une longue guerre, pour affurer la tranquilité des
Provinces, que les foldats licentiés rempliffent
fouvent de vagabons ; autrement, c'eft - à - dire,
lorfque par un long ufage contre lequel rien
ne réclame , le port d'armes s'eft introduit ;
Les Officiers qui ont la police des Chaffes
ne peuvent empêcher l'éxécution des permiffions données par les Seigneurs de Fiefs fur
le fondement du port d'armes : par ce qu'en
deux mots ce n'eft point à ces Officiers qu'eft
commife la fûreté & la tranquilité de l'État,
qui ont fervi de motif aux Ordon. concernant le port d'armes, & qu'ils ne peuvent
connoître de ce fait qu'autant qu'il eft joint à
un fait de Chaffe qu'ils ayent Droit de réprimer. *Code des Chaffes p.* 320. C'eft rélativement à cette diftinction que les payfans dont
M. le Préfident Morel prit le fait & caufe ,
furent déchargés purement & fimplement par
l'Arrêt du 11 Mars 1733 , raporté *fupra* §. 2.
des condamnations contre eux prononcées pour
port d'armes , par ce qu'en effet on ne fauroit
trop le répétér, le fait de Chaffe que pour-
fuivoit le Procureur du Roy de la Maîtrife
de Sezanne , ne pouvoit l'intéreffer , ainfi qu'il
eft décidé par cet Arrêt qui permit à M. le

F

Président Morel, (en proscrivant la Sentence
de la Table de Marbre qui avoit fait une
distinction de la présence du Seigneur,) de
faire chasser sur ses Terres par qui bon lui
sembleroit, ensorte que le port d'armes qui
étoit joint au fait de Chasse , dont étoit
question , ne pouvoit être réprimé par la
Maîtrise.

Voila une décision aussi précise qu'on la
puisse désirer , & qui anéantit toutes les conséquences qu'on pourroit tirer du Jugement de
1676, en établissant au contraire le Droit
dont jouissent les Seigneurs de Fiefs, de chasser & faire chasser , dans l'étenduë de leurs
Seigneuries, on peut y joindre l'Arrêt du 13
Mars 1702, rendu en faveur de la Demoi-
selle de Ryants , que nous avons raporté *ibid.*
§. 2.

Quand à la Déclaration du 27 Juillet 1701,
concernant les Capitaineries du Duché d'Orleans, ce n'est point une Loi générale, mais
seulement une exception à une Loi générale,
& la disposition que l'on réclame pour autoriser le sentiment que nous combattons le cas
le plus favorable de cette exception.

Qu'on se donne la peine de lire cette Déclaration, & ce que nous avons dit *suprà* §. 6.
on y reconnoîtra sans peine que la permission
donnée aux Ecclésiastiques de faire chasser un
de leurs Domestiques, est une faveur qui
leur étoit accordée pour qu'ils pussent jouir

de la permiſſion portée par cette Déclaration
ſans s'écarter des fonctions de leur miniſtere,
& que l'obligation qui leur eſt impoſée de
nommer au Greffe de la Maîtriſe celui de leurs
Domeſtiques qu'ils commettoient pour chaſſer, n'eſt qu'une précaution priſe pour prévenir les abus qui ſeroient réſultés de la multiplicité de ces permiſſions, qui ne doivent
être données qu'à un ſeul Domeſtique.

Ainſi toute la conſéquence qu'on pouvoit
tirer de cette Déclaration faite pour un terri-
toir particulier, dans les bornes duquel elle
doit être reſtrainte, ſeroit en faveur de ce que
nous avons dit ci - deſſus, contre la préſence
du Seigneur, puiſque cette préſence n'y eſt
point éxigée, quoiqu'il ſoit queſtion de la
Chaſſe dans une Capitainerie.

Elle eſt encore favorable au Droit qu'ont
les Seigneurs de donner des permiſſions, puiſ-
qu'elle porte expreſſement qu'ils pourront chaſſer, *eux, leurs Enfans ou Amis* : ſans parler de
leur préſence ou abſence. Cela eſt encore
ſupoſé avec plus d'étenduë dans une Ordon.
du Roy qu'on trouve dans le 1. Vol. du Code des Chaſſes, p. 431. Edit. de 1720. qui
deffend aux Commis des Fermes & autres
prépoſés aux entrées, de laiſſer paſſer aucun
Gibier ſi le Porteur ne repreſente un Certificat ſigné du Propriétaire des Fiefs & Terres
où il aura été tiré, ce qui autoriſe le commerce ſur le Gibier, & conſéquamment ſupoſe

la liberté de faire chasser par des tireurs à gage, & à plus forte raison de donner des permissions de le faire, à des personnes que l'on considere.

On peut donc conclure que hors les tems de trouble dont l'exactitude de notre Police préviendra sûrement le retour, tous les Seigneurs de Fiefs peuvent faire chasser à l'arquebuse par qui bon leur semble, & donner des permissions de le faire à telles personnes qu'ils jugent à propos, sans que pour cela ils soient astraints à aucunes des formalités que plusieurs auteurs soutiennent être en usage, & que dans aucuns cas les Officiers des Maîtrises ni ceux des Hautes-Justices, ne sont dans le Droit de s'y opposer.

Mais ces permissions qui tendent à user d'un Droit spécialement attaché à la personne du Seigneur, ne peuvent se concéder irrévocablement sans la Seigneurie de laquelle ce Droit dépend ; c'est la raison pourquoi elles sont révocables de plein Droit en quelques formes qu'elles ayent été accordées, aussi - tôt que le Seigneur qui les a données change de volonté ; c'est ce que nous avons remarqué en parlant des Fermiers : *suprà* §. 8. où nous avons observé que ce n'est que par la distinction du changement ou de la permanence de la volonté que l'on peut concilier les Arrêts.

§. XI. *Des Officiers des Eaux & Forêts, & Chaffes.*

L'Article 22 de l'Ordon. de 1601 con-
» forme à l'Art. 22 de celle de 1600, « por-
» te que les Officiers des Chaffes, Eaux &
» Forêts qui auront contrevenu à ces Ordon.
» ou ufé de connivence & négligence envers
» les infracteurs, feront pour la premiere fois
» condamnés aux peines & amendes y portées :
» fufpendus pour la feconde : & privés de leurs
» Offices pour la troifieme.

Relativement aux difpofitions de cet Art.
par Jugement de la Table de Marbre du 16
Fevrier 1683, raporté au Code des Chaffes
p. 226. le Sieur François Duclos, fubtitut de
M. le Procureur-Général en la Maîtrife de
Chinon, fut déclaré fuffifament atteint &
convaincu d'avoir négligé les obligations de
fa Charge pour la pourfuite & reparation des
Chaffeurs, & à ce moyen procuré l'impunité
des entreprifes de fes Freres, & pour reparation de quoi, condamné à être civilement
tenu & refponfable des condamnations prononcées contre fes Freres, avec injonction
d'être plus éxact à l'avenir.

Cela montre combien les Officiers des Maîtrifes doivent ufer de circonfpection, & être
attentifs à maintenir l'éxécution des Ordon.
commifes à leur vigilence.

F iij

§. XII. *Des Officiers des Troupes.*

Il fufit de raporter l'Art. 49 du Reglement fait par le Roy le 4 Juillet 1716, pour
la difcipline des Troupes, foit en Marche,
foit en Garnifon, pour être inftruit de tout
ce qui convient à ce fujet. *Vide* Code des
Chaffes T. 1. p. 391.

« Deffend auffi Sa Majefté aux Officiers
» defd. Troupes, foit dans les Routes ou Gar-
» nifons, de chaffer dans les grains, fous peine
» de payer le dommage, & d'être mis en pri-
» fon, fuivant les Procès-Verbaux qui en fe-
» ront faits, comme auffi de chaffer fur les
» Terres des Gentil-Hommes qui font con-
» fervées, ni dans les Garennes ; & lorfque
» faifant route ils feront avertis par les Gardes
» de Chaffes de ne pas chaffer fur la Terre
» de leur Maître, ils feront obligés de fe
» retirer fous peine de Prifon, & d'une amen-
» de aplicable à l'Hôpital du Lieu, ou du
» plus voifin.

§. XIII. *Des Gouverneurs des Provinces*
& Places.

L'Art. 5 de la Déclaration du Roy du 12
Octobre 1699 porte :

« Faifons deffenfes à tous Gouverneurs de
» nos Provinces & Gouverneurs particuliers
» des Villes & Places, de prendre la qualité

» de Capitaines des Chaffes, ni s'ingérer fous
» prétexte de l'autorité que leur donne leurs
» charges de deffendre la Chaffe dans tou-
» te ou partie de l'étenduë de leurs Pouvoirs
» ou Gouvernemens, ni donner aucunes com-
» miffions de Capitaines, Lieutenants ou Gar-
» des des Chaffes, fans néanmoins préjudicier
» aux permiffions que nous avons ci-devant
» données, & que nous pourrons ci-après
» accorder à certains Gouverneurs de faire
» conferver la Chaffe dans l'étenduë & dans
» les bornes qui leurs ont été ou feront défi-
» gnées par nos Brevets, que nous avons dès
» à préfent déclarés nuls au cas que l'étenduë
» & les bornes n'y foient pas comprifes ; lef-
» quels Gouverneurs ne pourront, fous prétex-
» te defd. permiffions, commettre aucuns Ca-
» pitaines, Lieutenants, ou autres Officiers
» de quelques noms & qualité que ce foit
» dans l'étenduë à eux défignée, mais feule-
» ment fe fervir de Gardes pour y conferver
» la Chaffe, ni pareillement obliger les pro-
» priétaires des Terres qui fe trouveront dans
» l'étenduë à eux défignée, à d'autres devoirs
» & fujeffions que celles de s'abftenir de la
» Chaffe. »

Sa Majefté par fa Déclaration 11 Juin
» 1709, Code des Chaffes p. 484. « permet
» aufd. Gouverneurs, Lieutenants du Roy,
» & Majors de chaffer dans les lieux dépen-
» dants des Villes de leurs Gouvernemens,

» dont le Domaine nous apartient , & n'est
» point engagé.

Et par l'Art 10 de la Déclaration du 9
Decembre 1710, elle ordonne en leur faveur
l'éxécution de l'Art. 28 du Tit. 30 de l'Ord.
du mois d'Août 1669, & leur enjoint d'y
tenir la main.

Enforte que les Gouverneurs n'ont pas befoin de Brevets pour chaffer dans l'étenduë
des Domaines du Roy, qui ne font point
engagés : mais ils ne le doivent faire dans
ceux des Particuliers qu'autant que leurs brevets leurs en accordent expreffement la faculté , dans le cas & dans les termes y por-
tés , par ce que tout dérogatoire au Droit
commun doit être expres.

CHAPITRE VI.

Des Lieux & des Tems où la
Chaffe eft deffenduë.

§. I. Des Terres du Roy.

» L 'Art. 13 du Tit. 30 de l'Ordon. de
» 1669, deffend à tous Seigneurs , Gentil-
» Hommes , Haut-Jufticiers & autres per-
» fonnes de quelque qualité & condition
» qu'elles foient , de tirer ou chaffer à bruit

» dans les Forêts, Buiſſons, Garennes & Plaî-
» nes du Roy, s'ils n'en ont un titre ou une
» permiſſion, à peine contre les Seigneurs de
» déſobeiſſance & de 1500 l. d'amende, &
» contre les Roturiers des amendes & con-
» damnations indictes par l'Edit de 1601, à
» la réſerve de la peine de mort. »

Les peines prononcées par l'Edit de 1601
ſont contenuës depuis l'Art. 11 juſqu'au 25.
nous en raporterons les diſpoſitions au Chap.
16. §. 11. *infrà*, où nous traiterons des
peines & amendes encouruës pour fait de
Chaſſe.

« L'Art. 14 permet à tous Seigneurs, Gen-
» til-Hommes, & Nobles, de chaſſer ſur
» leurs Terres à force de chiens & oiſeaux,
» pourvû que ce ſoit à une lieuë des plaiſirs
» du Roy, & à trois lieuës des mêmes plai-
» ſirs lorſqu'ils chaſſeront aux chevreüils &
» bêtes noires. L'Art 15 leur permet même
» de tirer de l'arquebuſe dans les mêmes diſ-
» tances, ſur toutes ſortes d'oiſeaux de paſſa-
» ge & de Gibier. L'Art 16 deffend la Chaſ-
» ſe aux Chiens couchans, en tous lieux, &
» l'uſage de tirer en volant à trois lieuës près
» des plaiſirs, à peine de 200 l. d'amende pour
» la premiere fois : du double pour la ſeconde :
» du triple pour la troiſieme, outre le baniſſe-
» ment à perpétuité hors l'étenduë de la Maî-
» triſe.

« L'Art. 20 deffend à toutes perſonnes de
» quelques qualité & condition qu'elles ſoient
» de chaſſer à l'arquebuſe ou avec chiens
» dans l'étenduë des Capitaineries des Maiſons
» Royalles, même aux Seigneurs Haut · Juſti-
» ciers & tous autres, encore qu'ils fuſſent
» fondés en titres ou permiſſions qui demeu-
» rent révoquées : ſauf à Sa Majeſté à en ac-
» corder de nouvelles, ou à renouveller les
» anciennes en faveur de qui bon lui ſem-
» blera. »

L'Art. 1. de l'Ordon. de 1607, porte les
mêmes deffenſes ſous peine de 1500 livres
d'amende contre les Seigneurs & Gentil-
Hommes, & de ſix ans de galere contre les
Roturiers.

S. II. *des Garennes.*

Philippe le Long ordonna en 1318 « que
» les Larons de Connils & Lievres, enſemble
» leurs complices & receleurs feront empri-
» ſonnés par les Baillifs, & punis aprement
» ſelon leurs méfaits.

« L'Art. 9 de l'Ordon. de 1515 les con-
» damne en 20 l. d'amende pour la premiere
» fois, s'ils ont de quoi payer, ſi non en un
» mois de priſon au pain & l'eau : à être bat-
» tu de verge ſous la cuſtode, juſqu'à effuſi-
» on de ſang pour la ſeconde, & pour la
» troiſieme à être battus de verges au

» tour des Forêts, Buiſſons ou Garennes où
» ils auront délinqués, & bannis à quinze
» lieuës deſd. Forêts & Buiſſons, ou Garen-
» nes. »

L'Art. 21 de l'Ordon. de 1601, & le 8
de celle de 1607 ordonnent expreſſement l'é-
xécution de cette derniere Ordon.

« L'Art. 10 du Tit. 30 de l'Ordon. de 1669,
» veut que ceux qui ſeront convaincus d'avoir
» ouvert & ruiné les hallots ou raboullieres
» qui ſont dans les Garennes, ſoient punis
» comme voleurs. » Le Lapin, dit M. Segaud ſur cet Art. eſt parmi le bêtes à quatre pieds, ce qu'eſt le pigeon parmi les oiſeaux : quoique les uns ſoient ſauvages comme
les autres, cependant ils apartiennent aux propriétaires des Garennes & des Colombiers, enſor-
te que ceux qui chaſſent dans les Garennes,
ou foüillent dans les creux & raboullieres ne
ſont pas moins coupables que ceux qui tirent
ſur les pigeons. C'eſt donc avec juſtice que
cet Article ordonne qu'ils ſoient punis comme voleurs.

---

§. III. *Des Terres & Vignes en Fruit.*

Deffendons (porte l'Art. 18 du Tit. 30
de l'Ordon. de 1669) « à tous Gentil-Hom-
» mes & autres ayant Droit de Chaſſe, de
» chaſſer à pied ou à cheval, avec chiens
» ou oiſeaux *ſur Terres enſemencées depuis que le*

» Bled *sera en tuyau*, & *dans les Vignes depuis*
» *le premier jour de May*, *jusqu'après la Dépoüille,*
» à peine de privation de leur Droit de Chaf-
» se, de cinq cent livres d'amende, & de
» tous dépens, dommages & interêts envers
» les proprietaires & usufruitiers.

Les Art 108 de l'Ordonnnance d'Orleans, 285 de celle de Blois, & 4 de celle
1601, font les mêmes deffenses à peine d'intérêts.

Il est bon d'observer que les deffenses portées par cet Art. ne concernent que ceux qui
ont Droit de Chasse, qu'ainsi lorsque les délits y mentionnés ont été commis par d'autres, & surtout par des Roturiers à qui la
Chasse est deffenduë, les Juges font les Maîtres d'augmenter la punition qui dès lors est
à leur arbitrage ; c'est même l'esprit de la
Declaration du 17 Juin 1709, qui porte Art.
17 « qu'outre la privation du Droit de Chaf-
» se, l'amende de 500 l. contre les Seigneurs,
» ils seront en outre condamnés en 500 liv.
» d'aumone, & aux dommages & interêts
» des particuliers, qui ne pourront être fixés
» au dessous de cent liv., & que les mêmes
» peines auront lieu contre les Roturiers con-
» trevenans, outre celles portées par l'Art. 28
» du Tit. 30 de l'Ordonnance de 1669, » qui
font de cent liv. d'amende, ensorte que ces
derniers doivent d'abord être punis de l'amende de cent liv. pour avoir chassé & des autres

tres peines indictes contre eux, qui font aſſés ennemis du bien public pour le faire dans des lieux où il eſt impoſſible d'entrer ſans y laiſſer des traces d'un dommage éclatant.

C'eſt pourquoi les diſpoſitions de cet Art. doivent être éxactement gardées, les biens de la Terre ſont ſous la foy publique, on ne ſauroit donc avoir trop d'attention à réprimer ceux qui y portent préjudice, dit M. Segaud ſur l'Article 18 du Tit. 30 de l'Ordon. de 1669.

§. IV. Des Jardins.

Les Jardins, qui font ſouvent toute la ri-cheſſe des malheureux qui les cultivent, doi-vent être regardés comme expreſſement com-pris dans ces deffenſes : la Chaſſe eſt trop peu de choſe pour ſouffrir qu'elle ſoit le ſu-jet de la moindre dégradation, & que les Loix de l'humanité fuſſent bleſſées pour s'en procurer le plaiſir. *Vide infrà* Cap. 9. §. 7.

§. V. De la Nuit.

L'Art 4 du Tit. 30 de l'Ordon. de 1669, « deffend à toutes perſonnes d'entrer, ou de-» meurer de nuit dans les Forêts du Roy, » Bois, & Buiſſons en dépendans, ni même » dans les Bois des Particuliers, avec armes » à feu, à peine de cent liv. d'amende, & de » punition corporelle, s'il y échoit.

G

Nous ferons voir dans le Chapitre fuivant
§. 1er. quels font les motifs de cet Article,
& combien il doit être religieufement obfervé.

CHAPITRE VII.

Des moyens ufités pour parvenir à la prife des Animaux que l'on chaffe.

LES moyens dont fe fervent aujourd'huy
les Chaffeurs, pour parvenir à la Prife des
animaux qui font l'objet de leur pourfuite peuvent fe réduire à quatre principaux, le Feu, le
Fufil, les Animaux & les Piéges de toute efpéce. Le premier eft abfolument deffendu, le fe-
cond & le troifieme ne font permis qu'avec
des reftrictions qui en corrigent l'abus, & l'ufage du quatrieme n'eft toléré que dans la Chaffe
des Loups, Renards & autres animaux voraces
qui défolent les campagnes.

§ 1. Du Feu.

La Chaffe au Feu s'éxécute en allumant
la nuit du Feu dans les Forêts, ceux qui
ufent de ce moyen, vont armés de Perches &
autres Inftrumens de cette efpéce battre le Bois
des environs, afin de mettre le Gibier fur'pied ;
alors le Gibier trompé par la lueur du feu qu'il

prend pour les rayons du Soleil , se met en
mouvement droit au feu : des Chasseurs réservés l'y attendent, & comme il est encore demi
endormi , ils ont une extrême facilité à le sur-
prendre. Cette Chasse indépendamment du dé-
peuplement du Gibier , au détriment duquel
elle a été inventée , a encore l'inconvenient très-
sensible d'exposer les Forêts à de grands em-
brasemens. C'est pour prévenir l'un & l'autre
que l'Art 4 du Tit. 30 de l'Ordon. des E.-
F. l'a deffendue à toutes personnes sous peine
de cent liv. d'amende , & de punition corporelle , s'il y échet ; & pour oter tous les pré-
textes dont on pourroit couvrir cette malver-
sation , Sa Majesté a deffendu sous la même
peine , par cet Article , d'entrer ou demeurer de nuit dans ses Forêts , Bois & Buissons
en dépendans , ni même dans ceux des Particuliers , avec armes à feu , parce que les
Braconiers , cet espece d'hommes que la Chasse rend féroces & indigens , pour se maintenir dans l'usage d'une Chasse qui leur procu-
reroit une prise plus abondante , alloient à
main armée dans les Bois des Particuliers ,
& en imposoient aux Gardes par leur nombre & leur contenance ; c'est ce fait , qui con-
duisoit souvent à de grands malheurs , qui
doit être réprimé par les peines corporelles
dont parle l'Art. cité.

Au reste, il est bon d'observer que l'Art. 32
du Tit. 27 de l'Ordon. de 1669 , qui a par-

G ij

ticulierement en vuë la confervation des Forêts, fait deffenfes à toutes perfonnes de porter & allumer du feu, en quelques Saifons
que ce foit, dans les Forêts, Landes & Bru-
yéres, à peine de punition corporelle, & d'a-
mende arbitraire, outre la reparation des
dommages que l'incendie pourroit avoir caufé, dont les Communautés & autres qui ont
choifi les Gardes, demeureront civilement
refponfables.

Et comme la qualité des peines corporelles
ordonnées par cet Art. ne font point détermi-
nées, Sa Majefté, par une Déclaration du 13
Novembre 1714, regiftrée au Parlement le
6 Fevrier 1715, ordonna que les Pâtres &
tous autres qui feroient convaincus d'avoir allumé du Feu dans les Forêts, Landes, &
Bruyeres, ou d'avoir fait du feu près d'un
quart de lieuë d'icelles, foient punis pour la
premiere fois de la peiné du foüet, & de
celle de Galere en cas de récidive : que ceux
qui y auront mis le feu de deffein prémédité
foient punis de mort.

Et que tous ceux qui y auront caufé des
incendies foient condamnés outre les peines
ci-deffus, en telle amende qui fera arbitrée
par les Juges, & aux dommages, intérêts,
foufferts par les propriétaires defd. Bois.

C'eft cette Loi que l'on doit fuivre, lors
qu'il eft queftion de réprimer les Braconiers
qui ont allumé du feu pour la Chaffe, en apli-

quant fes différentes difpofitions au fait dont
ils feront prévenus fuivant les circonftances :
car fi les pâtres font punis fi féverement pour
avoir cherché dans le jour à fe garantir des
rigueurs du froid, auquel leur condition les
expofe continuellement, à combien plus - forte
raifon le doivent être ceux qui font criminels
par le feul fait d'être la nuit dans les Forêts, &
dont la profeffion ne fait qu'augmenter les
charges de la Société ?

§. II. *Des Armes à Feu.*

Il y a plufieurs efpéces d'armes à feu, le
Fufil fimple ou d'une même piece, foit qu'il
porte un ou plufieurs coups : le Fufil brifé
par la croffe ou par le canon : les Piftolets
d'Arçon qui ont ordinairement 15 à 18 pouces de longueur : & les Piftolets de poches
qui n'excedent guere 7 à 8 pouces.

Les Piftolets dont les tirs font peu certains,
ne peuvent être d'aucun fecours pour la Chaffe, auffi le Fufil feul eft - il en ufage.

Les Fufils brifés qui fe demontent aifé-
ment réuniffant tout à la fois les avantages
de pouvoir fe cacher comme les Piftolets,
& de porter des coups auffi furs que le Fufil,
donnent lieu de foupçonner de mauvais def-
feins de la part de ceux qui s'en fervent ;
c'eft pourquoi ils font expreffement deffendus
fans diftinction de perfonnes, tems, ni lieux ;

G iij

à peine contre les particuliers de cent livres
d'amende outre la confiscation pour la premiere fois, de punition corporelle pour la seconde : & qu'il est deffendu aux ouvriers d'en
fabriquer ni façonner, sous peine de punition
corporelle pour la premiere fois. Art. 3 du
Tit. 30 de l'Ordon. de 1669. Gallon & Segaud sur cet Art.

A l'égard du Fusil ordinaire l'usage en est
seulement deffendu dans les Forêts du Roy,
à ceux qui n'ont pas une permission ou des titres exprès qui leur donnent Droit d'y chasser,
à peine contre les Seigneurs de désobéissance
& de quinze cent livres d'amende : & contre
les Roturiers des amendes & autres condamnations indictes par l'Edit de 1601, à la réserve de la peine de mort. Art. 13. *ibid.* Voyez les dispositions de cette Ordon. Chap. 16
S. 11.

L'art. 15 du même Titre, qui permet
aux Seigneurs Gentil-hommes, & Nobles de
tirer de l'arquebuse sur toutes sortes d'oiseaux
de passage & de Gibier, excepté le Cerf &
ta Biche, à une lieuë des plaisirs du Roy,
ant sur leurs Terres, que sur leurs Etangs,
Rivieres & Marais, est modifié par l'Art. 16,
qui deffend l'usage de tirer en volant à trois
lieuës près des plaisirs, à peine de trois cent
livres d'amende pour la premiere fois, du
double pour la seconde, du triple pour la

troifieme, outre le baniffement à perpétuité, dans l'étenduë de la Maîtrife.

Puifque l'Art. 15 permet de tirer fur les oifeaux de paffage à une lieuë des plaifirs; la deffenfe portée par l'Art. 16 de tirer en volant à trois lieuës près des plaifirs, doit s'entendre fur les volatilles qui ne défemparent pas nos climats, comme Perdrix, Faifans, &c. autrement la permiffion de l'Art. 15 feroit fans objet.

Nous devons obferver que l'Art. 15 eft conçu en termes relatifs aux Etangs, Marais & Rivieres du Roy : ce qui a donné lieu de préfumer que la permiffion qu'il contient, s'étend aux Marais & Rivieres du Roy : Gallon le dit expreffement : mais l'auteur du Code des Chaffes a judicieufement remarqué T. 1 p. 361, que c'eft une faute; cet Art. étant tiré de l'Art. 5 de l'Edit de 1601, qui porte « leur permettons auffi de tirer & faire tirer » de l'arquebufe dans l'étenduë de leurfd. Fi- » efs & fur les Terres, Eaux, & Marais » qui en dépendent, aux oifeaux de Rivier- » res, Gruës, Oyes fauvages, Bizets, Rami- » ers, & tout autre Gibier de paffage, &c. » ce qui leve la difficulté.

Ce même Art. 15 deffend de tirer fur le Cerf & la Biche : & l'Art. 1. de l'Ordon. de 1601, deffend expreffement de chaffer le Cerf, la Biche & le Faon fous les peines y portées depuis le 12 jufqu'au 16 Art.

L'Art. 12 de l'Ordon. de 1607 deffend encore de tirer fur les Pigeons, à peine de vingt livres d'amende. *Vide infra* Chapitre 8. §. 2.

Il réfulte de ce que deffus que le Fufil brifé eft abfolument profcrit; que l'on ne doit fe fervir du Fufil ordinaire qu'à une lieuë des plaifirs fur les oifeaux de paffage & tout autre efpece de Gibier; que l'on ne peut tirer au vol fur les Perdrix, Faifans, & autres volatilles de cette efpece qu'à trois lieuës des Plaifirs, & qu'il eft expreffement deffendu de le faire fans exception de tems ni de lieux, fur les Cerfs, Biches, Faons, & Pigeons.

N. B. Un Arrêt du Confeil du 4 Septembre 1731, Code des Chaffes p. 320, édit. de 1753, deffend de fe fervir de grenaille de fer au lieu de plomb, à peine de cent liv. d'amende.

Des Animaux qui fervent à la Chaffe.

§. III. *Des Chiens.*

On employe à la Chaffe des Baffets, des Braques, des Chiens-Couchans, des Epagneuls, des Chiens-Courans, des Limiers, des Barbets, des Levriers.

Les Baffets chaffent le Lievre & le Lapin, mais furtout les animaux qui s'enterrent;

comme les Blaireaux, les Renards, les Putois, les Foüines, &c.

Les Chiens-Couchans chaſſent de haut-nez & arrêtent tout, à moins qu'ils n'ayent été autrement élevés.

Les Braques chaſſent le Lievre ſans donner de la voix, & arrêtent fort bien la Perdrix & la Caille.

Les Epagneuls plus fournis de Poil que les Braques, conviennent mieux dans les pays couverts : ils donnnent de la voix, chaſſent le Lievre, le Lapin, & arrêtent auſſi quelque fois la Plume : ils ont le nez excellent, & beaucoup d'ardeur & de courage.

Les Barbets ſont forts, vigoureux, intelligens, hardis, ont le poil friſé, & vont à l'eau.

Les Limiers ſont hauts, vigoureux & muets, ils ſervent à quêter & détourner le Cerf.

On ſe ſert quelquefois des Dogues pour aſſaillir les Bêtes dangereuſes, & on met les Mâtins dans le vautrail pour le Sanglier.

Les Lévriers chaſſent de viteſſe & à l'œil le liévre, le loup, le ſanglier, le renard, &c. mais ſurtout le liévre.

Enfin les chiens courans chaſſent le Cerf, le chevreüil, le liévre, le ſanglier, & preſque tous les quadrupedes ; on dit que ceux qui ne chaſſent que la grande bête ſont de Race Royale, ceux qui chaſſent le chevreüil, le loup, le fanglier, &c. font de Race commune.

L'Art. 14 du Tit 30 de l'Ordon. de 1669 permet à tous Seigneurs Gentil - Hommes, & Nobles, de chaffer noblement à force de chiens & oifeaux, dans leurs Forêts, Buiffons, Garennes & Plaines, pourvû qu'ils foient à une lieuë des plaifirs, & même aux chevreüils & bêtes noires dans la diftance de trois lieuës.

Mais l'Art. 16 deffend expreffement la Chaffe aux chiens couchans en tous lieux, à peine de deux cent livres d'amende pour la premiere fois : du double pour la feconde : du triple pour la troifieme, outre le baniffement à perpétuité dans l'étenduë de la Maîtrife.

Quelques précifes que foient les deffenfes faites par cet Art. & par les Ordon. de 1601 & 1607, (& autres dont l'autorité eft moins certaine) de dreffer des chiens couchans, & de s'en fervir à la Chaffe, on ne laiffe pas d'en elever beaucoup & de les mener publiquement à la Chaffe, fans que les Capitaines des Chaffes & autres Officièrs l'empêchent, ni s'avifent de les tuer, comme il leur eft enjoint par l'Art. 6 de l'Edit de 1607 : ce qui feroit d'une dangéreufe éxécution dans la pratique : mais on pourroit au moins faire punir ceux qui ont & élévent des chiens couchans, taf on ne peut ignorer de quel fecours

ils font à la Chaffe, & combien ils facilitent
au Châffeur la prife du Gibier.

« L'Art. 3 de l'Ordon. de 1601, deffend
» à toutes perfonnes & même aux Officiers du
» Roy, de mener chiens aux Forêts, Bois
» Buiffons & Garennes de Sa Majefté, & à
» tous payfans & gens de Villages d'en avoir
» & tenir à une lieuë près d'icelles, s'ils ne
» font attachés, ou ont une jambe rompuë.

» Et l'Art. 7 de l'Ordon. de 1607, def-
» fend pareillement à tous laboureurs, leurs
» chartiers & autres, de mener, quand ils
» iront aux champs, aucuns mâtins avec eux,
» qu'ils n'ayent le jarret coupé : & enjoint aux
» Bergers, à peine du foüet de tenir perpé-
» tuellement leurs chiens en laiffe : fi non
» quand il fera néceffaire de les lâcher pour
» la conduite & confervation de leurs trou-
» peaux. »

Ce dernier Art. eft éxactement obfervé.
Gallon fur l'Art. 16 du Tit. 30, raporte
un Jugement de la Table de Marbre du 27
Juin 1671, qui déchargea faute de preuve, le
nommé Lubin Defchamps des condamnations contre lui prononcées pour avoir laiffé
aller fes chiens à la campagne : lui deffend
de le faire dorénavant, à peine de cent
livres d'amende, & ordonne qu'en cas de
contravention lefd. chiens auront le jarret coupé conformement à l'Ord.

Et par Jugement souverain du 6 Juillet 1737 raporté aux Arrêts & Réglemens notables, imprimés en 1743, il fut fait deffenses aux habitans de Pressigny d'avoir des chiens de Chasse, & d'en laisser aller aucuns dans l'étenduë de la Terre de Pressigny, qu'ils ne soient billotés, sous les peines de l'Ordonnance.

Il faut cependant convenir que ces Jugemens paroissent rigoureux, en ce que les Ordon. que nous avons citées semblent n'avoir été faites que pour les Terres du Roy : du moins, c'est ce qui paroît résulter de l'Art 3 de la Déclaration du 27 Juillet 1701, concernant les Capitaineries d'Orleans, qui fait deffenses aux Capitaines d'empêcher les particuliers " d'arracher les mauvaises herbes, „ de faucher leurs foins quand bon leur semblera, ni les obliger à mettre des épines „ dans leurs héritages, *d'attacher des landons au* „ *col de leurs chiens*, ni leur imposer d'autres sujettions que celles portées par l'Ordon. du „ Mois d'Août 1669. „ *Vide supra* Chap. 5. S. 13. les mêmes devoirs imposés aux Gouverneurs des Provinces & Places.

Ne peut-on pas demander de quel Droit les Seigneurs ordinaires contraignent les particuliers de leurs Terres à ces sujettions ? tandisque Sa Majesté en deffend expressément la pratique aux Gouverneurs des Provinces &

Places

Places, & dans l'étenduë des Capitaineries érigées en faveur d'un Prince de son sang ?

Il est vrai que l'Art. 5 du Tit. 26 de l'Ordon. de 1669, a laissé la liberté aux particuliers de faire punir les délinquants en leur Bois, Garennes, Etangs, & Rivieres, même pour la Chasse & pour la Pêche, des mêmes peines & amendes ordonnées pour les Eaux & Forêts, Chasse & Pêcheries de Sa Majesté ; mais avant de se déterminer dans l'aplication de ces peines, on doit bien distinguer celles qui sont établies pour punir des délits qui intéressent la société en général, ou qui tendent à l'établissement d'une meilleure police d'avec celles qui n'ont d'autre but que les plaisirs du Souverain : telles sont la plûpart des peines & des deffenses qui ont rapport à la Chasse, & que les Seigneurs particuliers font éxécuter dans leurs Terres avec dureté, surtout vis-à-vis de leurs paysans, qu'ils poursuivent, pour n'avoir pas fait billoter leurs chiens, avec plus de vivacité qu'ils ne feroient la reparation d'une injure personnelle : il y en a même qui les font tuer sans miséricorde pour le même sujet : & on a vu des Grands-Maîtres * en donner la permission par des Ord. générales, comme si ces malheureux avoient contrevenu à une disposition précise des Ordonnances.

* M. Eynard de Ravanne.

H

Ils ignorent fans doute les intentions de Sa Majefté, marquées dans les Déclarations de 1699, & de 1701 : & il y a lieu de préfumer que lorfqu'ils en feront inftruits, les uns & les autres agiront avec plus de circonfpection.

Dans le fait, quel tord font les chiens d'un berger lorfqu'il a le foin de les contenir au tour de fon troupeau ? quel tord font ceux d'un payfan & d'un paffant qui les tient à fes côtés, & ne les laiffe point écarter ? pour punir fi févérement les uns & les autres ; à la bonne heure de demander contre eux l'éxécution des Ord. lorfqu'ils les laiffent vaguer dans les champs & qu'ils les y menent fans aucune utilité, furtout dans les tems de la récolte, & de la ponte des Cailles & Perdrix, par ce qu'ils peuvent faire beaucoup de tord aux fruits de la Terre & à la population de ces Volatilles : mais hors ces cas rares, l'humanité demande que conformement aux intentions de Sa Majefté on les laiffe joüir d'une entiere liberté à cet égard ; & il eft inoüi qu'aucuns d'eux fe foient fait juftice eux mêmes, en faifant tuer fur le champ des chiens qu'on auroit épargné dans les plaifirs du Roy, & qui par l'utilité dont ils font à leurs Maîtres méritoient de l'être.

Au furplus, ceux qui ont des chiens dangéreux doivent les tenir à l'attache. *l. Si enim ff. de ædilit. edict. L. 1. ff. Si quadrup. paup.* Le Maître eſt tenu des dommages, interêts pour la morſure faite par ſon chien. Arrêt du 18 Juin 1688 Journal des Audiances. Celui qui les anime eſt tenu du dommage. *Leg. item Metaff. ad leg. acquil.* Celui qui a été mordu d'un chien n'a aucune action contre le Maitre, ſi l'on prouve qu'il l'a *provoqué. Bouvot. T. 1. Verbo Betail. Queſtion 2.* Les Ordon. de Police deſ-fendent d'en laiſſer vaguer aucuns, ſous quelque prétexte que ce ſoit, & de les exciter ou agacer pour les faire battre les uns contre les autres, à cauſe des inconveniens qui en réſultent. Pratique des Terrriers. T. 3. Page 556.

§. IV. *Des Oiſeaux.*

La Chaſſe au Chien s'eſt tellement accré-ditée depuis l'uſage des Fuſils, qu'à peine connoît-on actuellement celle des Oiſeaux: quoiqu'il en ſoit, elle eſt expreſſement per-miſe aux Seigneurs, Gentil-Hommes, & Nobles, par l'Art 14 du Tit. 30 de l'Ord. de 1669.

§. V. *Des Filets & Engins.*

"Tous Tendeurs de Lacs, Tiraſſes, Ton-„nelles, Traineaux, Bricoles de corde & de „fil d'aréchal, pieces & pans de Rets, Colli-

H ij

„ ers , Halliers de fil ou de foye , feront con-
„ damnés au foüet pour la premiere fois , &
„ en trente livres d'amende : & pour la fe-
„ conde fuftigés , flétris , & bannis pour 5
„ ans hors de l'étenduë de la Maîtrife , foit
„ qu'ils ayent commis délits dans les Forêts,
„ Garennes & Terres du Roy , ou en celles
„ des Eccléfiaftiques , Communautés & Par-
„ ticuliers du Royaume fans exception. „ Art.
12 du Tit. 30 de l'Ordon. de 1669.

Les anciennes Ordon. portent les mêmes
deffenfes : & l'Art. 19 de l'Edit du Mois de
Juin 1601 , deffend à toutes perfonnes d'ou-
vrer & expofer en vente aucune efpéce de Filets & Engins deffendus, fur peine pour la
premiere fois de cinq Ecus d'amende : pour
la feconde du double : pour la troifieme outre lefd. amendes, du baniffement de la Ville,
Prévôté, & Bailliage où ils auront été trouvés , & les Engins & Filets confifqués &
brulés à jour de marché public.

La févérité de ces deffenfes eft fondée fur
ce que la Chaffe aux Filets détruiroit en peu
de tems tout le Gibier, & comme les tendeurs de Lacets font ordinairement des fainé-
ans & des gens fans refource, on a joint à
l'amende qu'ils ne craindroient pas à caufe
leur pauvreté, la peine du foüet.

Nous avons deja obfervé que ces deffenfes
ne regardent pas l'ufage des pieges deftinés à
prendre les Loups, Renards, Foüines, Pu-

tois, & autres animaux de cette efpéce, à la deftruction defquels la fociété eft intéreffée : auffi loin de punir ceux qui vendent ou tendent ces piéges, on les encourage dans beaucoup de Provinces, par de légéres récompenfes.

L'Art. 19 de l'Ordon. de 1601 permettoit d'expofer en vente des Filets deftinés à prendre des Lapins, Oifeaux de paffage, Allöüettes, Grives, &c. mais comme l'Art 12 ci-deffus ne fait aucune exception, nous ne croyons pas devoir en faire.

CHAPITRE VIII.

Des Animaux qu'il eft deffendu de chaffer.

A L'exception du Cerf & de la Biche, des Pigeons & des Lapins, (dans les Garennes feulement) tous les autres animaux peuvent être chaffés par ceux qui en ont le Droit. Art. 15 du Tit. 30 de l'Ordonnance de 1669.

§. I. *Des Cerfs, Biches, & Faons.*

La Chaffe au Cerf, à la Biche, & au Faon étant particulierement réfervée pour la perfonne du Roy & des Princes, eft expreffe-

H iij

ment deffenduë à tous autres, fans une permiffion expreffe du Roy. Art. 1. de l'Ordon.
du Mois de Juin 1601. & *ibidem*, *vide infrà*
Chap. 16 des amendes encouruës pour fait de
Chaffe. §. 11, la peine prononcée contre ceux
qui enfraignent ces Ordon.

La permiffion de tirer fur les Cerfs eft interdite même à ceux qui en ont le Droit, depuis le premier May jufqu'à l'Exaltation de
la Ste. Croix, & fur les Biches depuis la St.
Remy jufqu'à l'entrée du Carême. Gallon p.
574. édit. de 1752.

Nos Roys ont eû une attention fi finguliere
fur cette Chaffe, qu'ils l'ont mife au nombre
des cas Royaux, & en ont attribué la connoiffance aux Officiers des Eaux & Forêts,
& Capitaines des Chaffes, privativement à
tous autres Juges, par lArt. 27 de l'Ordon-
de 1601. Gallon. p. 575 & 553 T. 2.

M. Segaud au même lieu, remarque qu'il
y a des endroits où les Cerfs, Biches &
Faons font en fi grande quantité qu'ils préju-
dicient aux Bois, en les rongeant dans le tems
du Brout, qu'ils gâtent les bleds voifins des Forêts pendant les nuits : & que pour prévenir la
fuite de ces dégats, il feroit à propos de lever
au moins pour un tems, les deffenfes faites à
toutes fortes de perfonnes de chaffer le Cerf,
la permiffion donnée par l'Art. 137 des Etats
tenus à Orleans, en Janvier 1560, de les
chaffer des héritages où ils font dommage par

cris & jets de pierre, fans néanmoins les blesser, n'étant pas fuffisante.

Les auteurs cités raportent des exemples de la féverité des peines aufquelles quelques Souverains ont condamné des particuliers pour avoir chassé des Cerfs, fur quoi nous dirons feulement avec M. Didrot, fi la vie d'un Cerf eft une chofe fi précieufe, pour quoi en tuer? fi au contraire la vie d'un Cerf n'eft rien, fi celle d'un homme eft plus précieufe que celle de tous les Cerfs enfemble, pourquoi punir un homme de mort pour avoir tué un de ces animaux?

§. II. *Des Pigeons.*

Par l'Art. 12 de l'Ordon. de 1607, il eft deffendu à toutes perfonnes de quelque état & condition qu'elles foient de tirer de l'arquebufe fur les pigeons à peine de vingt liv. parifis d'amende, mais cette amende n'eft que la peine pecuniaire aplicable au fifc : car puifque les pigeons font en propriété, ayant *confuetudinem revertendi*, il n'eft pas douteux que c'eft un vol qui doit être puni avec plus ou moins de féverité, fuivant l'éxigence du cas: c'eft pourquoi par Sentences de la Table de Marbre des 18 Juillet 1672, & 23 Mai 1678, les particuliers y dénommés ont été condamnés en vingt-cinq livres d'amende, en la reftitution envers les proprietaires y dénommés,

& qu'il leur a été fait deffenses de récidiver à peine de punition corporelle. Gallon T. 2. p. 617 & suiv. Pallu sur Tours Art. 37. *Institution au Droit françois par Deserres p. 112. Code Rural Chap.* 20. *Art.* 8. *p.* 91. L'auteur de ce dernier ouvrage pose pour maxime qu'il est deffendu de tirer sur les pigeons, même sur les siens, & cite pour le prouver l'Art. 12 de l'Ordon. de 1607, qui n'en dit pas un mot : mais je crois qu'il faut distinguer le lieu où l'on tire ; si c'est en pleine campagne, la difficulté de connoître ses propres pigeons doit y faire proscrire cette liberté ; mais si c'est sur le colombier, chacun étant maître de disposer de son bien comme il juge à propos, sans qu'on puisse l'accuser de vol, ni d'aucun délit, je pense qu'on y peut tirer les pigeons qui y sont, étant pour lors sensés apartenir au proprietaire du colombier.

Non seulement il est deffendu de tirer sur les pigeons, mais encore d'avoir dans les Maisons, Cours & Heritages de la Campagne aucunes fenêtres, coulisses, ni attrapes pour les retenir, prendre & arrêter sur pareille peine de vingt livres parisis d'amende, ainsi qu'il a été jugé par Jugement de la Table de Marbre du 25 Janvier 1552, contre plusieurs habitans de Noisy. Gallon *ibidem.* Voyez Denisart, Collection de Jurisprudence. *Verbo* Pigeons. où il cite des Arrêts récens.

Il n'eſt pas permis à celui qui trouve des pigeons dans ſon champ de les tuer. *Text. in* L. *Pomponius ait D. fam. erciſc.* & ceux qui les tuent, les prennent, ou les empoiſonnent, commettent larcin. §. *pavonum inſtit. de rerum diviſione.* Coutume de Bourdeaux. Art. 112. d'Etampes Art. 193. & Bretagne 390.

Les Colombiers ou Fuyes étant ſur héritages ſont de la même nature que le Fond. Montreuil Art. 45. Beauqueſne Art. 12. Artois Art. 144. Laſalle Delille Art. 1. Bapaume Art. 12. Lillers Art. 18. A l'égard des Pigeons d'une Voliere dont la deſtination n'eſt pas perpétuelle comme ceux de Fuye ou Colombier, ils ſont réputés de nature mobiliere. L. *funes in f. eum l. ſeq. ff. de act. empt.* Traité de la Police Tome 1. page 770. Gallon *ibidem* Charondas ſur l'Art. 91 de la Coutume de Paris *in fine.*

§. III. *Des Lapins.*

Pour ce qui concerne les Lapins, voyez ce que nous avons dit *suprà* Chapitre 6. §. 2. page 70. en parlant des Garennes conſidérées comme lieu où il eſt deffendu de chaſſer.

CHAPITRE IX.

Précautions pour la conservation du Gibier.

L'Art. 8 du Tit. 30 de l'Ordon. de 1669
« fait deffenses à toutes personnes de
» prendre dans les Forêts, Garennes & Plai-
» firs du Roy aucus aires d'oiseaux, de quelque
» espéce que ce soit, & en tous autres lieux
» les œufs de Cailles, Perdrix, & Faisans,
à peine de cent livres d'amende pour la pre-
» miere fois : du double pour la seconde :
» & du foüet & banissement à six lieües de
» la Forêt pendant cinq ans pour la troisieme.
  » L'Art. 9 porte que les Sergens à garde
» où se trouveront des aires d'oiseaux, seront
» chargés de leur conservation, par un acte
» particulier, & en demeureront responsables.»

§. I. *Des Aires d'Oiseaux.*

On apelle du nom d'*Aire*, les nids où les
Faucons, les Autours, & les autres oiseaux
de proye font leurs petits, & ce n'est que
de ces sortes de nids dont les Sergens à
garde doivent être chargés par un acte particulier.

Gallon p. 503 édit. de 1752, remarque qu'on pourroit préfumer que les deffenfes portées par l'Art. 8 ne regardent que, les maifons royalles, mais que comme on doit éxécuter la Loi à la lettre, les fergens à garde de quelque Maîtrife & Grurie que ce foit, font tenus de veiller à la confervation des aires qu'ils trouvent dans leurs gardes, & d'en donner avis à leurs Officiers qui en doivent informer le grand Fauconier de France: & il ajoûte p. 561, que les Seigneurs particuliers ont le même Droit dans leurs Terres, ce qui ne paroît pas fondé, vû la diftinction faite dans cet Art. des Forêts, Garennes & Plaifirs du Roy d'avec les autres lieux, ce qui fait affés entendre que Sa Majefté n'a pas entendu les affujettir aux mêmes deffenfes.

Il eft bon d'obferver avec M. Segaud fur l'Art. 8, que les peines que cet Art. prononce, ne tombent pas fur la premiere partie de fa difpofition qui concerne la confervation des aires d'oifeaux, mais feulement fur la feconde qui regarde celle des œufs de Cailles, Perdrix & Faifans: (car ajoute-t-il) fi l'intention du Roy avoit été que la peine fut prononcée dans l'un & dans l'autre cas, Sa Majefté s'en feroit expliquée : or dès qu'elle ne l'a point fait, elle ne doit donc tomber que fur la derniere partie de l'Art. qui précéde immédiatement, fuivant cette maxime, *odia quippe funt reflringenda.*

---

§. II. *Des œufs de Cailles, Perdrix, & Faifans.*

Quand à la feconde partie de cet Art. qui concerne l'enlevement des œufs de Cailles, Perdrix, & de Faifans, il faut tenir avec foin la main à fon éxécution, fi on veut en conferver les efpéces. C'eft dans cette vuë que l'Art. 8 prononce de grandes peines pécuniaires contre ceux qui y contreviennent, & qu'il ajoute la peine du fouet & du baniffement en cas de récidive.

Pour y parvenir, il ne fuffit pas de s'en tenir aux deffenfes de cet Art. il faut aller à la fource, en interdifant abfolument la Chaffe depuis que les Perdrix s'accouplent jufqu'après le mois d'Octobre, & en faifant tenir court tous les chiens, & furtout les Mâtins, pour empêcher qu'ils ne mangent les œufs.

Mais fous ce prétexte on ne peut empêcher les Propriétaires, Fermiers ou Laboureurs de faire couper & arracher les chardons & autres mauvaifes herbes qui nuifent aux fruits de la Terre : Sa Majefté leur ayant expreffement permis de le faire par l'Art. 18 de fa Déclaration du 11 Juin 1709, raportée au Code Rural p. 506 & fuiv. fauf à ceux qui ont Droit de chaffer à veiller à ce

qu'il

qu'il ne soit fait sous ce prétexte aucun vol d'œufs de Perdrix ou autre délit ; & de punir, ou faire punir ceux qui se trouveront en contravention suivant la rigueur des Ordon. Les deffenses portées par les réglemens, ajoute Sa Majesté, demeurans dans leurs force & vertu à l'égard de toutes personnes autres que les Propriétaires, Fermiers, ou Laboureurs, & ceux qu'ils employeront pour faire couper & arracher lesd. herbes.

Comme pour ces fortes d'expéditions les chiens font absolument inutiles, il faut expressement deffendre à ceux qui seront employés à arracher ces herbes, d'en mener aucuns avec eux, à moins que les Campagnes ne fussent comme dans quelques parties de la Beauce, exposées à la voracité des Bêtes féroces, rien n'étant au dessus de l'interêt que la focieté a dans la conservation de ses individus.

Et comme les Cailles & les Perdrix ne pondent & ne couvent jamais dans les maisons quelques privées qu'elles soient, il est à croire, lorsque l'on y voit des Perdrix nourries, qu'on en a pris les œufs dans la Campagne, & qu'on les a ensuite fait couver par des poulles : c'est pourquoi ceux qui se trouvent dans ce cas font très-répréhensibles, & doivent être condamnés aux peines portées par l'Art. 8 : à moins qu'ils ne prouvent avoir achetté les œufs dans les pays étrangers, ou

I

qu'ils n'en ayent une permiſſion particuliere du Roy. *Vide* Gallon ſur le Tit. 30. p. 561. C'eſt en conſéquence de ces réfléxions que par Arrêt des Juges en dernier reſſort du 17 Avril 1674, il a été fait deffenſes à toutes perſonnes de prendre des œufs de Perdrix, & Faiſans dans les Bois & Campagnes, même les ayant pris, de les faire elever, nourrir & vendre ſous les peines portées par l'Art. 8; & à toutes perſonnes de quelque qualité & condition qu'elles ſoient de vendre & achetter des œufs de Faiſans & Perdrix, à peine de confiſcation, & de cent livres d'amende tant contre le vendeur que contre l'acheteur, à moins qu'il n'aparoiſſe par un acte en bonne forme, qu'ils ayent été achetés ès pays étrangers.

---

§. III. *Des menus Oiſeaux.*

Par Reglement du Siege de la Table de Marbre du 13 Avril 1600, fait pour la Communauté des Oiſeleurs de Paris, il leur eſt deffendu de tendre aux menus oiſeaux dans les Forêts & Terres du Domaine du Roy, ſans permiſſion de Sa Majeſté, & dans celles des Particuliers ſans leurs permiſſions, ou de leurs Officiers: comme auſſi de tendre aux menus oiſeaux depuis la mi-Mars juſqu'à la mi-Août, mais ſeulement de dénicher les jeûnes. Gallon fur l'Art. 8 du Tit. 30 de l'Ordon. de 1669. p. 561. édit. de 1752.

---

§. IV. Du Commerce fur le Gibier.

Rien ne contribuant plus à la deftruction du Gibier que la facilité qu'ont les Braconiers d'en faire des Ventes furtives, il a été deffendu par les Ordon. de Janvier 1549, Fevrier 1567, Art. 9. Novembre 1577, & 21 Janvier 1715. Code des Chaffes p. 341, aux Rotiffeurs, Patiffiers, & autres, de vendre ou achetter aucunes Perdrix, Liévres, Lévraux, & autres Gibiers, fi ce n'eft en plein marché, même aux Commis aux entrées d'en laiffer entrer, fans qu'il leur aparoiffe du Certificat des Propriétaires des Fiefs où ils auront été tirés.

---

§. V. De la Chaffe dans le tems que le Gibier travaille à fa Multiplication.

Si la Chaffe des Braconiers contribue évidament à la deftruction de l'efpece, celle qui fe fait tandis que le Gibier travaille à fa multiplication n'eft pas moins pernicieufe : c'eft pourquoi il feroit à propos de joindre aux deffenfes faites par les Reglemens des 8 Avril & 4 Decembre 1511. 15 Mars 1656. 31 Decembre 1658. 18 Avril 1659. 19 Fevrier 1668. 17 Avril & 16 Juillet 1674. &

I ij

Arrêt des Juges en dernier reffort du 1 Mars 1706, à tous Marchands Forains, Patiffiers, Rotiffeurs, &c. d'acheter, faire acheter, vendre, ni expofer aucuns Liévres, & Perdrix, & aux Patiffiers de les mettre en pâte: à l'égard des Liévres depuis le premier jour de Carême de chaque année jufqu'au dernier jour du mois de Juin fuivant, & à l'égard des Perdrix depuis le même tems jufqu'à la mi-Août, à peine de confifcation & de vingt livres d'amende pour chaque piece de Gibier, tant contre le vendeur que contre l'acheteur : celles de chaffer pendant le même tems.

§. VI. *De la perquifition du Gibier dans les Maifons.*

Quelques rigoureufes que paroiffent les Loix qui concernent la conſervation du Gibier, il n'eft jamais permis d'en faire perquifition dans les maifons, même de l'autorité du Juge : par ce que ces perquifitions ne doivent avoir lieu que dans les cas prévus par les Ordon., qui font ceux des crimes qui intéreffent le repos & la tranquilité publique, après une information, ou dans le cas d'un flagrant délit, fuivant un Arrêt du Samedy 23 Fevrier 1614 : or il fuffit qu'un fait de Chaffe ne puiffe être puni d'une peine afflictive ni infamante, pour que l'on doive profcrire une voye auffi dangéreufe que celle des perquifitions, pour en découvrir les auteurs, *vide* Code des Chaffes p. 322.

De la Confervation du Gibier dans les Capitaineries.

§. VII. Des trous que l'on peut faire aux murailles.

Outre les deffenfes dont nous avons parlé ci-deffus, il eft encore deffendu à ceux qui ont des héritages fermés de murs, dans l'étendue des Capitaineries Royales, de faire aucuns trous à leurs murailles, ni paffage au Gibier, à peine de dix liv. d'amende, & de reboucher les trous, le tout néanmoins fans préjudicier aux trous & arches qui fervent au cours des ruiffeaux, ni aux chante-pleurs, ventoufes & autres ouvertures néceffaires à l'écoulement des eaux. Art. 21 & 22 du Tit. 30 de l'Ordon. de 1869.

Comme les Plaines des Maifons Royales font ordinairement fort remplies de Gibier r les voifins de ces plaines pourroient cherche, à faire entrer chez eux le Gibier, en faifant des ouvertures aux enclos qu'ils ont dans le voifinage, c'eft la raifon qui a donné lieu à ces deffenfes, & à celles que Sa Majefté (par un Réglement du 17 Octobre 1707 raporté au Code des Chaffes p. 426) a faites aux Propriétaires de Parcs, Clos & Jardins qui

I iij

sont dans l'étenduë des Capitaineries Royales,
d'y chasser sans sa permission, & leur a enjoint de souffrir que les Gardes y fassent leurs
visites, sans y chasser, cette permission n'étant
réservée qu'aux Capitaines ausquels il est enjoint d'en user modérément, & sauf ausdits
Propriétaires à faire acompagner les Gardes
lors de leurs visites par telles personnes qu'ils
jugeront à propos. *Vide suprà* Chap. 6. §. 4.
p. 33.

§. VIII. *Du tems où l'on peut faucher les Prés.*

« Par l'Art. 23, il est deffendu à ceux qui
» ont des Isles, Prés & Bourgognes non closes
» dans l'étenduë des Capitaineries, de les
» faucher avant la Saint Jean - Baptiste, à
» peine de confiscation, & d'amende arbi-
» traire. »

Ces deffenses qui sont faites afin de conserver les couvées, ne contiennent rien dont
les Propriétaires puissent se plaindre, les Prés
n'étant ordinairement en état d'être fauchés
qu'à la S. Jean - Baptiste : mais s'il arrivoit
que dans une année précoce les Prés vinssent
à dépérir avant ce tems, on obtient facilement la permission de les faucher. Sa Majesté
la donne même souvent avant ce tems, lorsqu'elle est informée que l'on a à craindre un
dépérissement prochain, parce que les Loix

doivent être sainement interprétées, & qu'il vaut mieux perdre quelques Perdrix que de laisser perir les herbes destinées a la nourriture du gros bétail qui est plus nécessaire, & d'un plus grand prix. C'est pourquoi ces deffenses n'ont pas lieu dans les Seigneuries ordinaires : Sa Majesté ayant deffendu d'en suivre l'éxécution dans la Capitainerie d'Orleans. *Vide le Code des Chasses. Chap. 23. Segaud sur Gallon page 586. Déclaration du 27 Juillet 1701. Art. 3. Code des Chasses, Tome 2. page 459.*

---

§. IX. *De la deffense de clore les Héritages de la Campagne.*

Il est pareillement deffendu à ceux qui ont des Héritages non clos dans l'étenduë des Capitaineries, de les enclore sans une permission expresse, le tout aussi sans préjudice du Droit d'enclore les Héritages qu'ils ont derriere leurs Maisons situées dans les Bourgs & Hameaux hors des Plaines, Art. 24 & 25 du Tit. 30 de l'Ordon. de 1669.

Surquoi Gallon avance qu'étant de regle qu'un Particulier ne doit jamais bâtir à la Campagne sans la permission de son Seigneur ; à plus forte raison doit-on cette marque de respect au Roy. Mais M. Segaud, au même lieu, observe judicieusement que suivant le Droit commun chacun peut faire

fur fon Fond ce qu'il veut. *Quifque rei fui moderator eft & arbiter.* Qu'ainfi un Seigneur particulier ne peut éxiger qu'on lui demande la permiffion de bâtir fur la Terre qui reléve de lui ; que Meffieurs de la Cathédrale d'Autun, Seigneurs de Tillenay, ayant élevé en 1740 une pareille conteftation contre M. Lamy Maître des Comptes, les parties s'en raporterent à quatre arbitres qui condamnerent unanimement leur prétention & que les parties tranfigerent en conféquence, en forte qu'on ne peut, par cette raifon, autorifer le Droit du Roy. La feule que l'on en puiffe donner, c'eft que le plaifir du Particulier doit céder à celui du Prince ; on s'étoit bien paffé jufques-là d'avoir un Parc clos ; on ne doit donc pas fe faire une peine de n'en point avoir, lorfque par ce petit facrifice on peut contribuer aux plaifirs du Souverain : au furplus lorfqu'on fait voir l'utilité qui en réfulte, on peut en obtenir permiffion : Sà Majefté n'ayant voulu par les deffenfes de cet Art, que prévenir les effets de la mauvaife humeur trop ordinaire aux Particuliers, ce qui fe juftifie par l'exception qu'elle y a faite, en leur permettant de renfermer dans un clos, les Héritages qui leur apartiennent joignant leurs Maifons.

§. X. *De l'obligation d'Epiner les Terres.*

L'Art. 12 de l'Ordon. du Lieutenant-Gé-
néral de la Várenne du Louvre, du 20 Avril
1671, raportée au Code des Chasses, enjoint
à ceux qui auront des Terres dans la Capitainerie, de mettre & ficher des Epines dans
leursd. Terres au nombre de cinq par Ar-
pent, aussi-tôt que les Bleds seront coupés,
& pareil nombre dans les Orges & les A-
voines, dans ledit tems & avant la Récolte
d'icelles.

L'objet de cette injonction est d'empêcher
que l'on ne puisse traîner des Filets dans les
Terres pour y prendre les Perdrix. Elle s'é-
xécute dans les Plaisirs du Roy : mais les
Seigneurs particuliers ne peuvent contraindre
les Propriétaires d'Héritages dans leurs Terres à le faire, Art. 3 de la Déclaration de
1791, ci-devant cité.

CHAPITRE X.

De la Poursuite du Gibier.

L'Auteur du Code des Chasses édit. de
1720, après avoir dit p. 70 d'après Gas-
pard Thésor, qu'un Vassal étant Seigneur de
son Territoire, & par son investiture ayant

Droit de Chaſſe, peut s'opoſer à ce que ſes
voiſins entrent dans ſes Terres pour y chaſſer :
p. 72 d'après Pithou, que l'Arrêt qui intervint
entre le Sieur de Beaumont qui avoit levé
un Sanglier, ſur ſon Fief, & ſon Seigneur Féodal, ſur la Terre duquel il avoit pourſuivi &
pris ce Sanglier donne tacitement à entendre
que la pourſuite ne lui apartenoit ſi avant,
& avoir raporté p. 75, les diſpoſitions de la
Coutume d'Amiens qui portent qu'il n'eſt pas
permis à aucun Seigneur pur voiſin, d'entrer
dans la Terre & Seigneurie d'un Seigneur
Haut-Juſticier pour y faire aucun exploit,
comme pour y pourſuivre ſon Gibier. Conclud néanmoins p. 76, que l'uſage a introduit
que l'on peut pourſuivre ſon Gibier ſur les
Terres d'autrui & dans l'enclave même de la
Haute-Juſtice de ſon Seigneur, ſur le fondement que les Fiefs étant de petite étenduë & entrelaſſés les uns dans les autres,
le Droit de Chaſſe deviendroit illuſoire, ou
du moins de peu d'éxercice, s'il n'étoit permis à un chaſſeur de pourſuivre ſon Gibier.

Mais l'auteur des nouvelles Nottes ſur cet
ouvrage, a judicieuſement remarqué que cette
ſuite du Gibier n'eſt point tolérée, & que
les Ordon. bornent la faculté de chaſſer dans
l'étenduë des Fiefs & Juſtices dont on eſt proprietaire, Code Rural Chap. 9. N°. 12. Bou-
cheul ſur Poitou. Art. 158. N°. 15.

Aussi Deserres en son institution au Droit François p. 111. édit. de 1753, remarque (d'après Laroche Graverol des Droits Seigneuriaux. Chap. 28 Art. 8.) qu'un Seigneur Haut-Justicier ne peut pas chasser dans la Justice d'un autre Seigneur sans sa volonté & sa permission; & que même suivant les derniers Arrêts, & contre l'ancienne Jurisprudence raportée par les auteurs, il ne peut pas poursuivre sur les Terres d'un autre Seigneur Justicier, le Gibier qu'il aura fait lever sur sa Terre; il est vrai qu'il ajoute, sans lui envoyer faire compliment avant d'entrer dans sa Justice, & lui envoyer présenter le Gibier, au cas qu'il soit pris, ce qui est une erreur (répétée d'après l'auteur du Code des Chasses p. 70 & suiv. édit. de 1720.) proscrite par trois Arrêts raportés par Gallon sur l'Art. 26 du Tit. des Chasses de l'Ordon. de 1669. p. 589. édit. de 1752. Le 1er. du 13 Decembre 1673 rendu entre François Morin, Seigneur de Paroisse, & François de Bigis, Seigneur de Fief, prenant le fait & cause de ses enfans & de son valet, fait deffenses aud. de Bigis, de chasser hors l'étendue de ses Fiefs sur aucun Gibier, ni de le suivre sur les Terres & Fiefs dud. Morin.

Le second du 14 Juillet 1674, contient les mêmes dispositions au profit de Madame la Duchesse de Mekelbourg.

Et le troisieme du 21 Fevrier 1682, portant Réglement entre le Sieur Daquin, Seigneur Suzerain, & le Sieur de Chaulnes, ayant Terres en Fief dans l'étenduë du Fief dominant dud. Daquin, fait deffenses audit Chaulnes de chasser sur les Fiefs, Terres & Seigneuries apartenantes audit Daquin, en quelque sorte & maniere que ce soit, même sous prétexte d'y suivre son Gibier.

Ces décisions sont fondées en raison : en effet de quelque maniere que l'on chasse sur un Fief, soit en y levant le Gibier, soit en y suivant celui que l'on a levé sur un autre Fief, on donne toujours atteinte au Droit qu'a le Seigneur d'en proscrire l'entrée pour s'y éxercer à la Chasse, lui étant fort indifférent que le tord qu'on lui fait soit l'effet d'un dessein prémédité, ou la suite d'une pure occasion, puisqu'il ne souffre pas moins d'une maniere que de l'autre.

D'ailleurs, les meilleurs chiens abandonnant tous les jours une proye pour en suivre une autre, qui répondra que le Gibier que l'on y poursuit soit le même que l'on a levé précédament sur un autre Fief ? ce qui seroit néanmoins nécessaire pour autoriser cette poursuite, qui n'est fondée que sur la folle prétention qu'un Liévre, par exemple, apartient à celui sur la Terre duquel il a été levé, ce qui ne souffriroit aucune difficulté si, comme le remarque Gallon p. 589, chaque

Seigneur

Seigneur avoit le foin de faire marquer à fes armes, le Gibier né fur fa Terre.

S'il arrivoit cependant que des Lévriers ou des Chiens-courans paffaffent rapidement d'une Seigneurie fur une autre, avant qu'on eut pû parvenir à les rompre, & qu'ils y priffent le Gibier, ce fait n'étant qu'un cas fortuit qui n'a pû s'éviter, je n'eftime pas que le Seigneur fur la Terre duquel il arriveroit, fut dans le Droit de s'en plaindre : mais il feroit de la bienféance, comme le remarque Gallon p. 588, d'envoyer lui en faire compliment, ce qui feroit une preuve qu'on auroit été entraîné malgré foi hors de fes limites, & qu'on y auroit chaffé fans aucune vuë d'entreprife, & dans l'efprit d'en fouffrir autant dans l'occafion.

Il eft bon d'obferver que dans ce cas on doit fuivre fes chiens, armes baffes, fans les apuyer, mais en cherchant au contraire le moyen de les rompre, car autrement on ne fe trouveroit plus dans la faveur dont la fortuité du fait étoit feule le fondement.

Un Seigneur Dominant n'ayant pas plus de Droit fur le Fief de fon vaffal qu'un Seigneur qui lui eft abfolument étranger, ne doit y avoir aucun Droit de pourfuite : cette décifion eft une conféquence des principes que nous avons pofés Chap. 5. §. 3. p. 29.

K

CHAPITRE XI.

Des Garennes.

Garenne, eſt un mot générique qui ſignifie tout Héritage deffenſable. Guiot des Fiefs Tom. 5. p. 678. Dupineau en ſes obſervations ſur l'Art. 34 d'Anjou : mais nous n'entendons parler ici que des Garennes vulgairement connuës pour les Lapins.

On en diſtingue de deux ſortes. Les Garennes forcées, c'eſt - à - dire, fermées de murs ou foſſés à eau : & les Garennes ouvertes, c'eſt - à - dire, dont les Lapins peuvent vaguer.

Des Garennes forcées.

Les premieres ſemblent devoir être exceptées des deffenſes portées par les Ordon. & par les Coutumes, par ce que de pareilles Garennes ne font tord qu'à ceux à qui elles apartiennent. *Bobé ſur l'Art.* 211 *, de Meaux. Guiot* ibidem *Code des Chaſſes. p.* 396. *édition de* 1720. *Gallon ſur l'Art.* 19 *de l'Ordon. de* 1669. *p.* 582.

Des Garennes ouvertes.

Mais les ſecondes ſont proſcrites preſque par toutes les Ordon. & les Coutumes.

L'Ordon. du Roy Jean de l'an 1355. Art. 4, veut que tous acroiſſemens de Garennes nouvelles & anciennes foient ôtés, & que chacun y puiffe chaffer fans amende.

Dans la conférence des Ordon. de Guefnois Liv. 11. Art. 14. on trouve une Ord. de Charles, Fils du Roy Jean, Duc de Normandie, depuis Charles 5 de 1356, qui, Art. 1. dit « Octroyons que toutes Garennes » & acroiffemens de Garennes élevées de- » puis quarante ans foient mis au néant. » Guiot *ibidem* raporte d'après M. Lebret Liv. 5. décifion 11, un Arrêt rendu le 6 May 1614, en faveur des Habitans de Villenauffe, Coutume de Maux, qui fur leur opofition fit deffenfes au Seigneur de Villenauffe, pays vignoble, de mettre à éxécution des Lettres Patentes portant permiffion d'y établir une Garenne fur ce fondement, que l'utilité particuliere devoit ceder à la publique qui auroit beaucoup fouffert par l'établiffement d'une Garenne, les Lapins rongeant les vignes, & les jeunes arbres, & même les déracinant.

Guefnois au lieu cité, raporte à la marge un Arrêt du 14 Avril 1539, par lequel il fut dit qu'il étoit loifible de chaffer par tout fors qu'ès Garennes, & qu'au Royaume n'étoit loifible d'avoir Garenne (s'entend ouverte) fi elle n'étoit enregiftrée en la Chambre des Comptes.

L'Ordon. des Eaux & Forêts Tit. des Chaffes. Art. 19. s'explique ainfi : *Nul ne pourra établir Garennes à l'avenir, s'il n'en a le Titre par*

K ij

les aveux & dénombrements, poffeffion, ou autres Titres fuffifans, à peine de cinq cent livres d'amende, & d'être fa Garenne détruite & ruinée à fes dépens.

Dans le Code des Chaffes édit. de 1720. Tom. 1. p. 393. fur cet Art. ont dit qu'il faut non feulement les conditions marquées par l'Art. mais qu'il faut être Haut-Jufticier pour avoir Garenne ouverte, & poffeffion de cent ans.

Cependant les Coutumes d'Anjou Art. 31. Maine 38. Tours 37. Normandie 160, &c. donnent ce Droit au Seigneur de Fief.

Guiot au lieu cité pofe les maximes fuivantes par lefquelles nous finirons cet Art.

Maxime fur les Garennes.

La premiere, que fi la coutume, comme Anjou Art. 34, ne le donne textuellement à la qualité, nul ne peut avoir Garenne, s'il n'a Fief & Domaine utile : Domaine fonds.

La feconde, que fi le texte de la Coutume ne l'attribue au Haut-Jufticier, ce Droit eft un Droit de Fief : la raifon eft que pour avoir Garenne, il faut avoir des Domaines à foi, & que le Haut-Jufticier, comme Haut-Jufticier n'en a point : la Juftice n'a de table.

Le vœu des Ordon. & des Arrêts, eft que l'on ait de quoi nourrir les Lapins fans dommage d'autrui, il faut donc avoir des

Fonds, des Domaines, & même des Domaines Féodaux, car on ne pourroit en établir sur un Fond roturier, donc, ce Droit est Domanial & Féodal.

La troisieme, que pour avoir Garenne ouverte, il faut avoir Titres ou Permission du Roy par Lettres duëment enregistrées ; sans cela il n'est permis à personne d'en avoir, surtout ès Coutumes qui n'en disposent point, par ce que les Lapins mangent les bleds, rongent les vignes, & l'écorce des jeunes arbres : encore l'Art. dernier de l'Ordon. de 1669 paroît déroger aux Coutumes, & dans le doute, le bien public éxige qu'on s'en tienne en ce cas plûtôt à l'Ordon. qu'aux dispositions des Coutumes. Arrêt du 21 May 1681. Code des Chasses p. 398. qui permet au Procureur - Général de faire assigner les Particuliers qui prétendent Garennes pour en raporter Titres suffisans.

La quatrieme, que les habitans sont reçus à s'opofer à l'enregistrement des Lettres, si le préjudice quils reçoivent de la Garenne ouverte étoit notoire, comme dans l'espéce de l'Arrêt de 1624.

La cinquieme, qu'à deffaut de ce, il faut une possession qui remonte au delà de cent ans, que cette possession foit prouvée par des aveux en bonne forme, & s'ils font rendus au Roy bien vérifiés, les aveux seuls qui font des Titres possessoirs, peuvent conserver ce

Droit, fi la preuve de la joüiffance actuelle y eft jointe.

La fixieme, que fans Titres ou permiffion on peut avoir Garennes forcées, pourvu que l'on foit Seigneur de Fief, car les roturiers ne le pourroient fans le congé de leur Seigneur, par ce que fe feroit s'établir un pays de Chaf-fe qui n'apartient qu'au Seigneur de Fief, comme l'obferve Lalandes fur l'Art. 167, d'Orleans. Guiot dit même qu'il auroit pei-ne à l'acorder à un fimple Gentil-Homme qui auroit un Parc fermé fur un Fond rotu-rier.

La feptieme, que foit le Seigneur Haut-Jufticier ou le Seigneur Féodal qui a Droit de Garenne : nul ne peut acroître fa Garen-ne fans Lettres expreffes du Roy, & fans entendre les Habitans fur l'acroiffement de la Garenne ; c'eft le texte pur des Ordon. qui font audeffus de toutes les Coutumes, par ce qu'elles font la Loi générale dans tout le Royauuie.

Vide Pocquet de Livonniere des Fiefs. p. 628 fur Dupineau Art. 32. D'Anjou, Dupineau en fes obfervations fur led. Art. Le Code des Chaffes Chap. 19. Gallon & Segaud fur l'Art. 19 du Tit. 30 l'Ordon. de 1669.

CHAPITRE XII.

Ce qui conftitue un Délit en fait de Chaffe.

UNe queftion importante en matiere de Chaffe, & que je n'ai vu traitée dans aucun auteur, eft de favoir par quel fait un délit en fait de Chaffe eft conftitué & quelles font les circonftances qui peuvent être réprimées.

Faut - il tirer, tuer, & ramaffer le Gibier ?

Eft - il néceffaire d'avoir des chiens pour la quête ? ou fuffit - il d'être muni des armes dont on fe fert ordinairement à la Chaffe ?

Pour décider cette queftion, il faut remonter aux principes fur la formation des délits, & on y diftinguera la volonté de les commettre, les démarches qui y tendent, & qui manifeftent cette volonté, & enfin l'éxécution de cette volonté ou la confommation du délit.

Une volonté fimple qui ne fe feroit manifeftée par aucun acte extérieure, n'eft point punie en Juftice. *Cogitationis pœnam nemo patitur*, difent les criminaliftes : de là il fuit qu'une fimple Déclaration, un fimple projet de Chaffe, ne peut être réprimé en aucune ma-

niere , puisqu'en matiere de crimes, qui
font des délits qui choquent souvent tout
à la fois la Religion, les mœurs, la tranquilité publique & la fureté des citoyens,
les Juges tiennent pour maxime que la puni-
on de ces crimes cachés, est réservée à la Justice de Dieu qui connoit feul le fond des cœurs.

Du Port d'armes.

Mais aussi tous les Jurisconsultes conviennent que celui qui ayant dessein de commettre un crime s'est mis en état de l'éxécuter,
quoiqu'il en ait été empéché, mérite presque
la même peine que si le crime avoit été
consommé : la volonté dans ce cas étant réputée pour le fait, *in maleficiis vo'ontas specta-
tur non exitus*, ainsi en partant de ce principe,
celui qui fans aucune raison traverseroit la
Campagne avec un Fusil, fur tout s'il étoit
muni de menu plomb, donneroit lieu de lui
foupçonner une volonté de chasser qui meri-
teroit d'être réprimée, par ce qu'autrement
il ne feroit jamais possible de convaincre perfonne de cette volonté, puisque chacun ne
manqueroit pas de vouloir excufer le fait par
la nullité du motif, c'est pourquoi il ne suffiroit pas de dire je passe, & je ne chasse
point pour mériter excufe : il faudroit ajouter
les raisons qui obligent à passer armé en pleine
Campagne , comme feroit , par exemple,

la poursuite d'une bête féroce ou d'un
animal dangéreux, à la destruction duquel la
société seroit intéressée, ou dans quelques
préposés, celle de criminels ou de contreban-
diers : encore faudroit-il dans tous ces cas
justifier l'intention déduite, en faisant voir
que les armes dont on est porteur, sont char-
gées d'une maniere qui répond à la fin qu'on
se propose, & qui écarte toute la suspicion
que peut donner le lieu, & l'état où l'on se
trouve : c'est ce qui a été jugé par Arrêt de
la Cour des Aîdes du 14 Juin 1716, raporté au Code des Chasses p. 325. T. 1. édit.
de 1720, qui fit deffenses aux Gardes des
Gabelles de chasser, ni mener aucuns chiens
avec eux, ni de porter sur eux du menu
plomb, sous quelque prétexte que ce soit,
ensorte que celui qui allégueroit une excuse
plausible en elle-même, mais qui refuseroit
de satisfaire à la demande que lui feroit un
Garde, de lui montrer de quelle maniere seroit chargé son Fusil, donneroit par son refus
une preuve contraire à son affirmation, n'é-
tant pas présumable qu'on fasse difficulté de
prouver la vérité d'un fait qu'on affirme,
lorsqu'on peut se justifier sur le champ du
soupçon qu'on éleve contre notre sincérité;
dans tous ces cas la punition ne peut être aussi rigoureuse que si le délit étoit absolument
déterminé par une poursuite actuelle & certaine du Gibier, ou par sa prise effective,

par ce qu'alors ne reſtant aucun doute ſur
le Jugement que l'on doit porter , il n'y a
plus qu'à faire l'aplication de l'Ordonnance
au fait dont le délinquant eſt prévenu ,
mais ici où il s'agit plû - tôt de prévenir
un délit que de le réprimer , le Juge ne doit
prononcer qu'une amende modique , comme
celle indicte pour le port d'armes par l'Art. 4
de l'Ordon. de 1607, dont on peut très-
bien faire l'aplication au ſimple port d'armes ,
dont il s'agit ici : & même en certain cas n'uſer
que de monition , ſauf à ſévir plus rigoureuſe-
ment en cas de récidive.

Du port d'armes avec acompagnement de Chiens.

Lorſque le port d'armes eſt joint à un a-
compagnement de chiens chaſſans ou quêtans
au tour de celui qui les mene ; le délit étant certain doit être puni auſſi ſévérement que s'il
étoit conſommé , par ce qu'il n'a pas tenu
à celui qui chaſſoit ainſi , qu'il ne l'ait été , ou
tout au moins il peut s'excuſer ſur une intention contraire.

De la priſe du Gibier.

Comme la Chaſſe conſiſte poſitivement
dans la priſe du Gibier , & que c'eſt ce fait
que les Ordon. ont voulu réprimer , lorſque
le Chaſſeur s'en eſt effectivement ſaiſi , n'im-

porte de quelle maniere, il eft dans le cas
des deffenfes portées par les Ordon. & il
mérite la peine qu'elles prononcent : il en eft
de même lorfqu'il l'a tué, & qu'il néglige de
le ramaffer, car le Gibier n'en eft pas moins
pris, & il importe peu que le Chaffeur en
ait profité ou non.

CHAPITRE XIII.

Du Cantonnement.

LE Cantonnement, eft la convention par
laquelle plufieurs Proprietaires d'un Droit
de Chaffe fur un même Fief, ou fur plufieurs
Fiefs volants, mêlés de telle forte que l'on
ne puiffe chaffer fans paffer l'un fur l'autre,
affignent & déterminent l'efpace ou le canton fur lequel chacun d'eux joüira du Droit
de Chaffe, à l'exclufion de l'autre.

Ce partage doit fe faire par proportion à
la part que chacun a dans le Fief indivis,
ou à l'étenduë réciproque des Fiefs entre-
mêlés, on s'en raporte ordinairement à des
Experts.

C'eft celui qui a la plus grande étenduë
du Fief, en qui réfide le Droit de demander le Cantonnement ; il doit être donné le

plus près du manoir que faire se peut , en
même nature & qualité de Domaines &
Censives, & dans le cas où il ne pourroit
se faire près le manoir, il faut laisser un
chemin libre pour y arriver.

Il est bon d'observer que quoique les Fiefs
soient mêlés , on n'a point le Droit de par-
cours l'un sur l'autre, c'est une servitude de
passage qu'on n'évite & qu'on ne peut éviter
que par le Cantonnement.

Ce Cantonnement pour la Chasse se fait
sans préjudice des Droits de Justice, Fief,
& Directe que chacun a sur les Terres qui
forment le Canton d'un chacun , on en met
ordinairement la Clause dans l'Acte , & si
l'un des deux est Haut-Justicier, il fait aussi
la réserve de son Droit de Chasse en personne , sur le Cantonnement de celui qui n'a
que le Fief & Censive, par ce que ce Cantonnement, quant à la Chasse , n'est toujours
que le Fief de celui qui n'ayant pas Justice,
doit laisser le Haut-Justicier chasser en personne sur son Fief. *Vide* Guiot Institutes Fé-
odales. Chap. 23. De Serres Institution au
Droit François Liv. 2. Tit. 1. p. 109.

CHAPITRE

CHAPITRE XIV.

*Du port d'Armes, & des Juges qui
en doivent connoître.*

§. I. *des Juges du port d'Armes.*

LA Police du port d'Armes regarde la permiſſion ou la deffenſe de porter les Armes.

L'on dit aſſés communément d'après l'Art. 11 du Tit. 1. de l'Ordon. de 1670, que le port d'Armes eſt un cas Royal dont la connoiſſance appartient aux Juges Royaux, privativement aux Juges des Seigneurs, ce qui eſt trop général.

Pour que le port d'armes ſoit dans le cas Royal & privilégié, il faut ſuivant Fevret Liv. 2. Chap. 2. que trois circonſtances concourrent 1°. le port d'armes. 2°. l'aſſemblée. 3°. le deſſein & préméditation de nuire ; la réunion de ces trois circonſtances forment une eſpéce d'hoſtilité qui peut troubler le repos & la ſûreté des citoyens.

Coquille dans ſon Inſtitution, Chap. du Droit de Royauté, explique *que le port d'armes n'eſt pour être garni d'armes offenſives ou deffenſives, mais quand pluſieurs s'aſſemblent étant*

L

armés, avec propos délibéré de faire insulte à autrui : ainsi le port d'armes pour être cas Royal, implique en soi, assemblée illicite d'hommes en armes.

La Combe Traité des matieres criminelles Partie 2. Chap. 2. N°. 8. p. 160, est du même sentiment, ainsi que Bornier sur l'Art. 11. du Tit. 1. de l'Ordonnance de 1670, & Loyseau Traité des Seigneuries Chap. 31 & 35.

L'Art 5 de la Déclaration du 5 Fevrier 1731, réunit ces trois circonstances pour en faire un cas prévôtal.

Ainsi lorsque le port d'armes est simple sans attroupemens ni assemblées, il est de la compétance des Juges ordinaires, même Seigneuriaux, qui ont Droit de le réprimer dans ceux qui contreviennent aux Ordon. qui contiennent des deffenses à cet égard, & c'est mal à propos que quelques auteurs ont avancé sans distinction, que ce fait étoit un cas Royal, par ce qu'il faut une loi précise pour faire un cas Royal d'un délit, & lorsqu'il n'y en a point, il reste dans le Droit commun qu'ont les Juges ordinaires, de connoître de tous les délits qui se commettent dans l'étendue de leur Territoire.

Mais, dira-t-on, combien faudra-t-il de personnes pour former ce que l'on apelle une assemblée ? le nombre n'est pas déterminé par les Ordon. tout ce que l'on peut dire, en suivant la plus commune opinion, c'est que trois personnes suffisent pour faire une assemblée illicite, & dix pour former une émotion populaire. *Loi 4. digest. de vi-bon. rapt. Loi 85 de verb. signif.* Godefroy sur ces Loix, Bornier sur *l'Art.* 11. *du Tit.* 1. *de l'Ordon. de* 1670. aux mots *assemblées illicites, émotions populaires, force publique,* & sur l'Art. 12. verbo *assemblée illicite avec port d'armes.*

De ce que dessus, il suit que le port d'armes est un délit ou un crime grave, suivant les circonstances qui concerne particulierement la Police de l'Etat, dont la connoissance apartient aux Juges ordinaires à qui elle est commise, soit Royal, soit Seigneurial: & par conséquent les Juges des Chasses n'en peuvent connoître que lorsqu'il est incident à un fait de Chasse qu'ils soient en Droit de réprimer, tout ainsi qu'ils sont en Droit de juger des querelles, excès, assassinats & meurtres commis à l'occasion de la Chasse, suivant l'Art. 7 du Tit. 1. de l'Ordon. de 1669: mais lorsque le port d'armes ou autres crimes sont dépouillés de ces circonstances, ils n'ont aucun Droit d'en connoître. *A l'égard des autres crimes qui ne concernent les cas & matieres ci-dessus, ils n'en pourront connoître, quoique commis dans les Forêts ou sur les Eaux,* porte l'Art. 8 du même Titre : ce qui fait voir que la connoissance des crimes ne leur est effectivement attribuée qu'autant qu'ils sont

L ij

accefloires à un délit de leur compétance,
conformement à la regle qui rend tous Juges
compétans pour connoître des incidens à
l'inftance principale dont ils font faifis, encore que ces incidens renferment des matieres qui ne foient point ordinairement de leur
compétance, pourvû qu'ils ayent, lorfqu'il
s'agit d'un crime, la puiffance néceffaire pour
le faire punir, *Code des Chaffes* T. 1. p. 320.
Gallon T. 2. p. 559.

En difant que les Juges des Chaffes ne
pouvoient connoître du port d'armes que lorfqu'il étoit incident à un fait de Chaffe, nous
avons ajouté *qu'ils foient en Droit de réprimer*,
par ce qu'en effet fi ces Officiers ne connoiffent du port d'armes qu'autant qu'il eft acceffoire à un fait de Chaffe, il faut que ce fait
foit de leur compétance, ou plûtôt de nature à pouvoir être réprimé par eux, autrement
ils jugeroient des accefloires d'une caufe dont
le principal, qui feul pouroit autorifer leur
pourfuite, ne feroit point foumis à leur
connoiffance, ce qui impliqueroit une con-
tradiction qui fe fait trop fentir pour que je
m'arrête à la prouver.

Ce que je dis ici concerne particulierement
les Juges des Maîtrifes & les Capitaines des
Chaffes qui, en fuivant trop aveuglement la
route que leur a tracé le faux principe que
le Droit de Chaffe eft abfolument perfonnel,
pourfuivent fans égard tous ceux qui ont été

trouvés chaffans dans l'étenduë des Terres des
Seigneurs Particuliers à qui ils nient le Droit
d'accorder des permiffions, enforte que lors même qu'ils n'ont aucune preuve de la Chaffe,
ils condamnent pour le port d'armes ceux qui
s'en trouvent faifis contre les deffenfes des
Ordon. ce qui n'eft point régulier, car on
ne fauroit trop le répéter, fi le port d'armes
n'eft point joint à un fait de Chaffe, il ne
peut être de leur compétance, par ce qu'ils
ne peuvent en connoître qu'autant qu'il eft
acceffoire d'un fait de Chaffe, en un mot
qu'autant que les armes font un inftrument
qui a fervi à la prife ou à la pourfuite du
Gibier que l'on chaffe, de forte que fi le
fait de Chaffe lui-même, c'eft-à-dire, ce
motif qui fert de fondement pour autorifer
les Juges des Chaffes à réprimer le port d'armes, ne peut être argué par eux, à plus
forte raifon cet acceffoire, dont, fans ce fait
(de Chaffe) toute connoiffance doit leur
être interdite.

C'eft fans doute fur ce fondement que
l'Arrêt rendu en faveur de M. le Préfident Morel le 11 Mars 1733, dont nous
avons raporté le fait *fuprà* §. 2. & 10. *du
Chap.* 5, déchargea les payfans de fa Terre
de la Côte du Meix, des condamnations contre eux prononcées en la Maîtrife Particuliere
des Eaux & Forêts de Sezanne & fur l'apel en la
Table de Marbre, par ce qu'en effet le fait de

L iij

Chasse dont étoit question, n'ayant pu être réprimé par ces Officiers, qui, comme nous croyons l'avoir démontré, ne pouvoient empêcher l'effet des permissions données par M. le Président Morel, de chasser sur sa Terre de la Côte du Meix ; le port d'armes qui n'en étoit que l'accessoire, ou plûtôt qu'une présomption du fait de Chasse qu'ils prétendoient être en Droit de réprimer, ne pouvoit conséquemment être de leur compétance.

Sur la question de savoir quand on doit réprimer le port d'armes. *Vide suprà* Chap. 5. §. 10. p. 50.

§. II. *Des Gardes - Chasses, & du Désarmement.*

Nous ne raporterons pas ici ce que nous avons dit Chap. 5. §. 9. pour prouver que les Ordon. qui deffendent aux Gardes de Chasse de porter des Fusils, ne concernent que ceux des Capitaineries Royales, & nullement ceux des Particuliers, & nous nous bornerons ici à parler du Désarmement.

On ne peut disconvenir que la pratique en est extrêmement dangéreuse, & qu'il est rare que ce fait se passe sans quelques malheurs qui ne vont à rien moins qu'à des attentats à la vie, soit de la part des Gardes, soit de cel-

le des Chasseurs : or un fait de Chasse est
trop peu de chose en lui même, & la punition des délits qui se commettent à son occasion est trop peu intéressante pour autoriser
des voyes de fait, qui exposent en la moindre chose la vie des citoyens : c'est pourquoi
elles ont toujours été expressement proscrites.
Segaud sur Gallon T. 2. p. 560, en raporte
un Arrêt de la Table de Marbre de Dijon,
du 19 Avril 1727. *Vide* l'auteur des nouvelles Nottes sur le Code des Chasses T. 1.
p. 319, où il s'éléve avec force contre cette
pratique.

§. III. *Des Employés des Fermes.*

Il est deffendu aux Capitaines, Lieutenans,
Archers, Gardes des Gabelles, de chasser
& de mener aucuns chiens avec eux ni de
porter avec eux du menu plomb sous quelque
prétexte que ce soit, sous les peines portées
par les Ordon., de privation de leurs em-
plois, & d'être déclarés incapables d'en pos-
seder à l'avenir : il leur est de plus enjoint
de porter leur Bandoulieres garnies de Fleurs-
de-Lys, dessus ou dessous leurs Juste-au-
corps.

Arrêt de Reglementt de la Cour des Aides du 19 *Juin*
1716, *raporté au Code des Chasses T.* 1. *p.* 325, qui
attribue la connoissance des contestations qui
naîtront à cette occasion, aux Officiers des
Greniers à Sel, sauf l'apel en la Cour.

CHAPITRE XV.

Des Capitaineries.

NOs Roys s'étant de tout tems fait un plaifir de s'éxercer à la Chaffe, l'ont en différens tems réfervée à eux feuls dans plufieurs des Cantons qui avoifinent les Maifons Royales, & c'eft ce Canton ainfi réfervé qui fe nomme Capitainerie. Il eft deffendu fous des peines très-févéres d'y chaffer fans une permiffion expreffe du Roy. Voyez ce que nous avons dit à ce fujet Chap. 6. §. 1. Chap. 9. §. 7, 8, 9, & 10.

A l'exemple du Souverain, plufieurs Seigneurs du Royaume avoient établis des Capitaineries dans l'étenduë de leurs Terres, avec attribution de Jurifdiction; mais comme ils abufoient de leur autorité pour impofer aux Peuples des fujetions contraires aux Ordon. Sa Majefté rendit, après plufieurs tempéramens, une Déclaration le 12 Octobre 1699, par laquelle elle n'a réfervé & confirmé que les Capitaineries de

La Varenne du Louvre,	Compiegnes,
Vincennes,	Chambord,
Bois de Boulogne,	Blois, *
Saint Germain,	Halatte,
Livry,	Corbeil,
Fontainebleau,	Limours,
Monceau,	& Bourgogne,

* Elle eft fuprimée.

& a fuprimé généralemeut toutes les autres Capitaineries , leurs Officiers & Gardes , fans exceptions & fans pouvoir être rétablis , fous quelque prétexte que ce foit , enforte que ceux que les Seigneurs établiffent dans l'étenduë de leurs Terres ne peuvent faire aucun Exercice de Juridiction , & n'ont pas plus de pouvoir que les Gardes ordinaires des Chaffes , fupofez qu'ils ayent été reçus comme ceux-ci le doivent être.

Il y a dans chaque Capitainerie Royale, un Capitaine, un Lieutenant, un Procureur du Roy, & un Greffier : ces Officiers dans quelques Capitaineries, comme S. Germain en Laye, &c. ont été maintenus par les Art. 32 & 33 du Tit. 30 de l'Ordon. de 1669, dans le Droit & poffeffion d'inftruire & juger, à la diligence du Procureur du Roy aud. Siege, tous Procès civils & criminels pour fait de Chaffe, & ce, privativement à tous autres Juges, fuivant l'Art. 11 de l'Edit de 1607, en apellant avec eux dans les Procès criminels, quand il y a des peines afflictives à prononcer, les Lieutenants de Robe-longue & autres Juges & Avocats pour confeil, de forte qu'il y ait au moins trois gradués, leur Jugement en ce cas doit être, fuivant l'Art. 36, figné fur la minute qui reftera au Greffe de la Capitainerie du Lieutenant de Robe-longue & des autres Officiers qui auront été apellés pour Confeil, & mention faite dans les expéditions qui en feront délivrées de leurs noms & qualités, à peine de nullité.

Par une Déclaration du 20 May 1618, raportée au Code des Chasses T. 2. p. 271, il a été attribué au Capitaine & Lieutenant des Chasses de la Varenne du Louvre, le pouvoir de juger fans apel jufqu'à 40 liv. & au deffous.

Les condamnations par eux prononcées qui n'excédent point la fomme de 60 liv. pour toutes reftitutions & reparations, fans autres peines ni amendes, font éxécutoires par provifion, fans préjudice de l'apel. Art. 27 du Tit. 30.

Il y a des Déclarations raportées au Code des Chasses qui ont étendu ce privilege jufqu'à 80 liv.

Les apellations de leurs Jugemens font relevés directement au Confeil-Privé, avec deffenfes aux Parlement, Grand-Confeil, Table de Marbre & autres Juges Supérieurs d'en prendre connoiffance. *Vide* le Code des Chasses & Gallon fur l'Art. 29 du Tit. 30.

Les Capitaines ont, fuivant une Ordon. du 24 Janvier 1695, le Droit de deftituer leurs Lieutenans, fous-Lieutenans, & autres Officiers & Gardes de leurs Capitaineries, lorfqu'ils le jugeront à propos, en les rembourfant ou faifant rembourfer comptant, des fomme qu'ils juftifieront avoir payé pour leurs Charges, & en cas qu'il ne fe trouvât pas de fujets capables de fervir & en état de les rembourfer, ils peuvent les interdire pour trois mois, & commettre à leur place pendant led. tems, fans qu'ils puiffent faire aucunes fonctions de leurs Charges : cette Ordonnance a pour motif de contenir & même d'obliger ces Officiers à une plus grande éxactitude, en les foumettant à une plus grande dépendance.

Les Capitaines des Chaffes aufquels il n'eft point attribué une Juridiction particuliere par les Ordon. connoiffent avec les Officiers des Eaux & Forêts concurremment & par prévention entre eux, de ce qui regarde la capture des délinquans; faifie des armes, bâtons, chiens, filets & engins deffendus, contravention aux Ordon. & information premiere feulement; mais le furplus de l'inftruction, & le Jugement apartiennent au Lieutenant de Robe - longue, à la pourfuite & diligence des Procureurs du Roy, fans néanmoins qu'ils puiffent dans ces cas exclure les Capitaines & Lieutenans des Chaffes, d'affifter tant à l'inftruction qu'au Jugement, fi bon leur femble, & d'y avoir leur féance & voix délibérative, favoir ; le Capitaine avant le Maître, & le Lieutenant du Capitaine avant celui de la Maîtrife. Art. 31 du Tit. 30.

Les Officiers de ces Capitaineries, leurs Lieutenans & Procureurs du Roy en icelles, doivent être reçus aux Sieges de la Table de Marbre, & les autres Officiers des Capitaineries pardevant les Capitaines ou leurs Lieutenans, après information de leurs vies & mœurs, religion, fidélité & affection au service du Roy, leurs Jugemens sont *ad instar* de ceux des Maîtrises, Art. 29 du Tit. 30.

Mais les Officiers des Capitaineries qui ont Juridiction, pretent serment entre les mains de Monseigneur le Chancélier. Voyez sur tout ce que dessus *le Code des Chasses Chap. 29. & suivant, ensemble les Articles* 29, 30, 31, 32, *& 33 du Tit. des Chasses de l'Ordonnance de* 1669. *Gallon, Segaud, & Simon sur ces Art.*

CHAPITRE XVI.
Des peines & amendes encouruës pour délits en fait de Chasse.

ON entend par peine, le châtiment ou la punition que l'on fait subir à ceux qui ont commis quelques crimes ou quelques délits.

Et par amende, l'imposition d'une peine pécuniaire envers le fisc, pour la reparation d'un crime ou d'un délit.

Les peines sont nécessaires pour maintenir l'éxécution des Loix, contre ceux qui ne sont point retenus par la considération de leur

leur devoir, mais on doit ufer d'une grande circonfpection dans leur aplication.

Comme il s'agit ici particulierement de celles qui s'impofent contre ceux qui contreviennent aux Ordon. renduës pour la Police de la Chaffe, nous commencerons par examiner de quelle nature font les délits qui forment des contraventions à cette Police, & par quelle voye on peut en pourfuivre la réparation.

---

§. I. *De quelle nature font les délits commis en contravention aux Ordonnances renduës fur le fait des Chaffes.*

La Chaffe dont on ufe fans Droit, dit Deferres, Inftitution au Droit François p. 112, eft plû-tôt regardée comme une contravention à la Police du Royaume, que comme un vol, & c'eft pourquoi plufieurs auteurs prétendent que celui qui a chaffé fans avoir Droit de Chaffe, n'eft pas obligé de reftituer le Gibier qu'il a pris, & peut encore moins être pourfuivi comme voleur.

L'auteur des nouvelles Nottes fur le Code des Chaffes p. 111, remarque que le mot Larcin, eft employé improprement dans le préambule de l'Ordon. de 1515; car, dit-il, il ne peut y avoir de vol d'une chofe qui n'eft à aucun proprietaire, comme d'une bête qui joüit de fa liberté naturelle : auffi ne

M

voit-on pas, ajoute-t-il, qu'on ait jamais poursuivi les chasseurs comme des voleurs, mais seulement comme des infracteurs de la police établie dans le Royaume.

S'il s'agissoit de décider cette question par les principes du Droit civil, il suffiroit d'opposer à l'auteur du Code des Chasses, qui au lieu cité, décide que la Chasse est un larcin qui oblige à la restitution des animaux qu'on y a pris, ce que dit Justinien L. 2. Tit. 1. §. 12 des Inst., que les bêtes farouches apartiennent par le Droit des gens à celui qui les prend : car, ajoute-t-il, la raison naturelle veut, que ce qui n'apartient à personne, apartienne à celui qui s'en empare ; & ce principe est certain : or il est également certain que les bêtes farouches, c'est-à-dire, qui jouïssent de leur liberté naturelle, n'apartiennent à personne : car on ne peut pas dire qu'elles affectent un héritage plûtôt qu'un autre, & par conséquent qu'un Particulier puisse en prétendre la propriété au préjudice d'un autre, puisque ce Droit de propriété consiste positivement dans la faculté permanente de disposer de la chose qui en est affectée, quand & comme nous jugeons à propos ; ce que l'on ne peut dire des bêtes farouches qu'après leur prise. *ibid* §. 13 : ce n'est donc que la prise qui acquiert ce Droit, & le Droit que le Propriétaire d'un héritage a d'en deffendre l'entrée à celui qui avoit des-

fein d'y venir chaffer, ne changeant rien à la
nature de ces bêtes, qui, comme nous l'a-
vons déja remarqué, continuent à joüir de
la même liberté naturelle, n'empêche pas
qu'elles n'apartiennent au Chaffeur qui les a
prifes, elle donne feulement au Proprietaire
de l'Héritage, le Droit d'agir contre lui, *acti-
one injuriarum* L. 13. *ff. de injur.* L. 16. *ff. de
fervit. præd. ruft. Ferriere fur ce* §. En partant
de ces principes, la Chaffe ne peut jamais
être confidérée comme un larcin, puifqu'il
y a cette différence effentielle entre le larcin
& la Chaffe, que l'on acquiert par la prife,
la propriété des animaux que l'on chaffe, au
lieu que le larcin répugne tellement à ce
Droit, qu'il eft toujours un obftacle invinci-
ble à fa formation.

Mais comme nos Ordon. marquent l'étenduë du Territoire où ceux qui en ont le
Droit, peuvent s'éxeicer à la Chaffe, &
qu'elles la deffendent expreffement hors des
limites qu'elles ont fixé, on a prétendu que
chez nous la Chaffe devoit être envifagée
fous un afpect différent.

« Le Prince, dit l'auteur du Code des
» Chaffes, p. 117, étant Proprietaire de
» toutes chofes communes, comme indivifi-
» bles, peut en interdire l'acquifition à fes
» fujets, & s'en réferver l'ufage à lui feul,
» ou en faire telle part que bon lui femble,
» & à qui bon lui femble ; cela étant, il

» n'est pas vrai de dire que les bêtes sauva-
» ges qui sont dans l'Etat du Prince, n'étant
» à personne, doivent apartenir à celui qui
» s'en saisit le premier, car elles sont à la
» Seigneurie du Prince, qui a Droit par con-
» féquent de taxer de larcin, la prise qui en
» est faite par celui qui n'a obtenu de lui
» aucun Droit ni privilege de chasser : la
» deffense qu'il fait de chasser empêchant que
» la propriété de ce qui se prend à la Chasse
» contre cette deffense, passe en la personne
» du Chasseur qui par conséquent n'en peut
» jamais être possesseur légitime. » Pour prouver que les choses communes sont dans le
Domaine du Prince, il cite p. 113 ces pa-
roles adressées par le Prophete Daniel à Na-
bucodonosor, *le Seigneur vous a établi Sei-*
gneur de toutes choses, des Animaux de la Terre,
des Oiseaux du Ciel, & des Poissons de la Mer.
Ce qui dans le Texte Sacré ne signifie autre
chose, sinon que la puissance que Nabucodo-
nosor avoit de dominer sur toutes choses,
venoit de Dieu.

Aussi nos Roys balançant leur autorité par
leur Justice, n'ont eu d'autre objet en réglant
l'exercice de la Chasse, que de prévenir par
l'établissement d'une bonne police, tous les
désordres qui pouvoient être la suite de son
usage, & on ne trouve dans aucune des Ordon. qu'ils ayent entendu en disposer, non
seulement comme d'un Droit qui leur apar-

tint, mais encore, comme le prétend l'auteur
du Code des Chasses, comme d'un Droit
qui leur ait tellement acquis la propriété des
animaux sauvages, que l'on dût regarder comme un voleur celui qui s'en emparerroit sans
leur permission; cela est si vrai, & l'usage a
tellement confirmé cette opinion, qu'il est de
maxime constante, autorisée par tous les
Arrêts, de ne point prononcer de restitution
en matiere de Chasse, ce fait ne donnant
lieu qu'a une simple amende. *C. des Ch. T. 1.*
P. 284. inf. §. 6, par cette raison que le Gibier n'apartient point au Seigneur sur la Terre du quel il a été pris, & que par conséquent
il n'est point un vol, mais seulement une
infraction de la Police du Royaume, tellement qu'il est même deffendu par les Ordon.
& par les Arrêts d'obtenir monitoire pour
fait de Chasse, par la raison que la Chasse
par celui auquel elle est deffenduë, ne l'obli-
geant pas à restitution, il seroit ridicule d'employer les censures de l'Eglise pour convaincre un homme de ce qui ne charge pas même sa conscience, *ibid.* page 480, & sui-
vantes.

Pour achever de se convaincre que la Chasse n'est point un larcin, il suffit de donner
la définition que l'on trouve de ce mot dans
les Instit. L. 4. §. 1. « Le larcin est une sous-
» traction frauduleuse de quelque chose qui
» apartient à autrui. » Il faut donc que pour

M iij

que l'enlevement d'une chose soit réputée un larcin, qu'elle apartienne à autrui ; or les bêtes farouches ne s'acquérant que par la prise, il est d'une conséquence infaillible que, jusqu'à ce que cette prise soit faite, le Proprietaire d'une Terre n'en a aucune sur le Gibier qui est dans sa Terre, quelque Droit que les Ordon. lui donnent pour empêcher d'y chasser : il ne peut donc pas dire que les bêtes que l'on y prend, lui apartiennent, & par conséquent que celui qui les enleve commette un larcin, aussi n'a-t-il d'autre voye à suivre que celle de l'action sur laquelle on prononce des deffenses de récidiver, & une amende pour punir de l'infraction faite aux Ordonnances qui concernent la Police à cet égard.

Concluons donc avec confiance que la Chasse n'est ni larcin ni vol, & que c'est une simple infraction aux Ordonnances, qui n'emporte avec elle aucune obligation de restituer.

§. II. *Par quelle voye on peut pourfuivre la reparation d'un délit en fait de Chasse.*

Dès que la Chasse, par ceux qui n'en ont pas le Droit, n'est qu'une simple infraction aux Ordon. dans une matiere purement civile, & qui n'a souvent pour objet que la satisfaction personnelle des Particuliers, il n'est pas douteux que la reparation n'en peut être poursuivie que par une procédure purement civile.

« Il est évident, dit l'auteur des nouvelles
» Nottes sur le Code des Chasses, T. 2. p.
» 30, que la peine de la Chasse n'étant qu'une
» amende qui n'est point infamante, on ne doit
» point décréter de prise de corps, pour les
» faits de Chasse ordinaires, contre des Domi-
» ciliés, si pauvres qu'ils soient, puisque
» l'Art. 19 du Tit. 30 de l'Ordon. de
» 1670, deffend de le faire, si ce n'est pour
» crime qui doive être puni de peine afflic-
» tive ou infamante.

» Il est encore évident que si, sur le vû de
» l'information, il ne paroit pas qu'il y eut
» autre chose à infliger à un accusé pour fait
» de Chasse qu'une amende, il ne faut pas
» instruire le procès par récolement & con-
» frontation, mais qu'il faut ou recevoir l'ac-
» cusé à prendre Droit sur les charges, s'il
» le demande, ou convertir les informations
» en enquête, suivant l'Art. 3 du Tit. 10
» de l'Ordon. de 1670.

» Enfin, il faut convenir qu'un simple fait
» de Chasse, n'allant qu'à une amende qui
» est une peine de Police, il ne faudroit ja-
» mais traiter ces affaires ni par information,
» ni par décret, mais suivre la procédure pref-
» crite par l'Ordon. de 1667, pour les affaires
» Sommaires & de Police, assigner celui qui

» eſt prévenu, à comparoir à l'Audiance pour
» répondre ſur le raport du Garde, ou ſur
» la demande de la partie publique, & en
» cas qu'il ſoit beſoin de faire preuve, en-
» tendre les témoins ſommairement à l'Au-
» diance, ſuivant les diſpoſitions de l'Ordon.
» de 1667. Tit. 17. Art. 8, & cela bien
» entendu, ajoute-t-il, conviendroit infini-
» ment mieux aux Seigneurs que toute autre
» choſe, car les accuſés ſeroient bien plus en
» état de payer l'amende, n'étant pas épuiſés
» par les frais de Juſtice, qu'on lui fait payer
» ſouvent mal à propos, & que ſouvent auſſi
» les Seigneurs payent eux-mêmes, lorſque
» ſur l'apel on corrige le mauvais procédé de
» leurs Officiers. »

Ces réfléxions auſquelles nous n'avons rien
à ajouter, ſont fondées ſur les diſpoſitions de
l'Art. 3 du Tit. 4 de l'Ordon. de 1669,
qui portent que « les Cauſes (de la compé-
» tance des Maîtres Particuliers) ſeront ju-
» gées ſommairement à l'Audiance, autant
» que faire ſe pourra, enſemble toutes autres
» affaires, particulierement les Procès-ver-
» baux des Gardes-Marteaux, Gruyers, &
» Sergens. »

Freminville, dans ſa pratique univerſelle
des Terriers T. 3. p. 90, fait mention de
deux Jugemens Souverains de la Table de
Marbre de Dijon, qui caſſent deux procédures criminelles, inſtruites par récollement &

confrontation en matiere de délits dans les Bois, & ordonnent la reftitution des Droits perçus par les Officiers, pour raifon du récollement & confrontation des témoins.

A l'égard des délits qui doivent etre punis de peines afflictives, *vide infra* §. 4 de ce Titre.

§. III. *Des peines Arbitraires.*

Le terme arbitraire, pris dans un fens général, fignifie tout ce qui n'eft pas défini ni limité par aucune Loi ni conftitution expreffe, mais qu'on laiffe uniquement au jugement & à la difcrétion des Particuliers.

Mais pris dans un fens particulier & apliqué à la matiere que nous traitons ; on entend par peine arbitraire, celle qui n'étant définie par aucune Loi, dépend de la volonté du Juge.

Les Loix étant générales, il arrive fouvent que leurs décifions ne peuvent s'apliquer au corps de délit que les Juges ont à punir, par ce qu'il eft prefque toujours revêtu de circonftances qui en changent la nature, & dérangent l'aplication de la Loi, alors la peine ne pouvant être déterminée par la Loi, devient arbitraire, c'eft - à - dire, foumife à la volonté du Juge.

Il en eft de même des cas oubliés, & qui n'ont point été compris dans les Ordon-

C'est la disposition textuelle de l'Art. 23 de l'Ordon. de 1601, qui porte « & où en au- » cun autre cas de nosd. deffenses, la peine » n'auroit été exprimée par cestui notre pré- » sent Edit, nous voulons que les infracteurs & » contrevenans soient condamnés par nos Ju- » ges & Officiers en telles peines & amendes » qu'au cas apartiendra selon la qualité du » délit. » L'Art. 23 de l'Ordon. de 1600, est entierement conforme.

Mais dans tous les cas prévus par les Ordon. les Juges sont dans l'obligation de se conformer à ce qu'elles prescrivent, *Gallon sur l'Art. 18 du Tit. 30 de l'Ordon.* de 1669, où il dit, d'après Chassanée sur la Coutume de Bourgogne, que les peines remises à l'arbitrage du Juge, ne peuvent s'étendre jusqu'à la mort : ce qui ne paroit pas éxactement vrai, du moins la Jurisprudence est contraire à cette opinion, puisque tous les jours les Arrêts condamnent à mort les sacrileges, les incestueux, &c. quoiqu'il n'y ait aucune Ordon. qui prononce contre eux cette peine, mais les Juges même Supérieurs ne peuvent infliger d'autres peines que celles qui sont en usage. *Vide* Papon Liv. 24. Tit. 11. N°. 2, où il raporte un Arrêt du Parlement de Paris, par lequel il fut ordonné qu'un Anglois condamné par Sentence du Prévôt de Paris à être noyé, seroit gardé au pain & à l'eau, jusqu'à ce qu'il plut au Roy d'en ordonner.

§. IV. Observations sur les Récidives.

Récidive ou Rechûte, est une même chose, mais en fait de délit, elle ne s'entend que d'un homme qui ayant déja été condamné seroit encore repris & convaincu d'avoir commis le même délit, & non pas d'un homme qui, par exemple, auroit chassé plusieurs fois, quand même il auroit été averti de ne plus le faire par les Propriétaires ou Officiers des Chasses : en un mot, un délinquant n'est point dans le cas d'être puni comme pour récidive, la premiere fois qu'il est condamné. *Segaud sur Gallon T. 2. p. 677. Gallon sur l'Art. 28 du Tit. 30 de l'Ordon. de 1669. p. 594. éd. de 1752.*

L'auteur du Code des Chasses sur l'Art. 14 de l'Ordon. du mois de Juin 1601, remarque que, quand un délit devient fréquent, le Magistrat doit, pour en détourner, augmenter la peine de la Loi, c'est aussi à quoi presque toutes nos Ordon. ont pourvu, en augmentant la peine pour les récidives, qui effectivement ne meritent pas la même indulgence qu'une premiere faute, dans laquelle on est souvent entraîné par foiblesse.

Lorsque pour la reparation de la récidive il écheoit de prononcer une peine afflictive, ce qui, suivant l'Art. 24 de l'Ordon. de 1601, ne doit avoir lieu que contre les personnes viles & abjectes, le Procès doit s'instruire extraordinairement, suivant les formalités prescrites par l'Ordon. de 1670 : le Procès - verbal d'un seul Garde ne seroit point en ce cas une preuve suffisante, l'Art. 8 du Tit. des Huissiers ne leur attribuant ce privilege qu'à l'égard des délits qui n'emportent qu'une peine pécuniaire, mais lorsqu'il s'agit de prononcer une peine afflictive, le délit doit être constaté par la déposition de deux témoins ; si deux Gardes avoient dressé leur Procès - verbal d'un délit, il suffiroit de leur faire répéter par forme d'information, ainsi qu'il est d'usage dans tous les cas où les Officiers qui ont verbalisé contre des criminels ou des délinquans, sont obligés de rendre témoignage contre eux, Art. 5 & 6 du Tit. 10 de l'Ordon. de 1670.

§. V. *Les Amendes ne peuvent être modérées, ni reçues avant la condamnation.*

Dispositions des Ordonnances,

Art. 14 du Tit. 32 de l'Ordon. de 1669.

« Deffendons aux Officiers d'arbitrer les » amendes & peines, ni les prononcer moin- » dres que ce qu'elles sont réglées par la » présente Ordonnance, ou les modérer » ou changer après le Jugement, à peine de » répétition

» répétition contre eux, de suspension de leurs
» Charges pour la premiere fois, & de pri-
» vation en cas de récidive. »

Art. 15. ibidem.

« Ne sera fait don, remise, ou modéra-
» tion pour telle cause que ce soit, des a-
» mendes, restitutions, intérêts, & confisca-
» tions, avant qu'elles soient jugées, ni après
» pour quelques personnes que ce puisse être :
» deffendons d'en expédier Lettres ou Bre-
» vets, &c. »

Art 50 de l'Edit du mois de May 1716.

« Ne pourront les amendes & restitutions
» réglées par l'Ordon. de 1669, être dimi-
» nuées par nos Cours de Parlements, Ta-
» bles de Marbre, & Officiers des Maîtrises,
» tant pour ce qui regarde nos Bois, que
» ceux des Ecclésiastiques & Communautés
» Séculieres & Régulieres, à peine de nullité,
» & seront les restitutions égales aux amen-
» des, & les amendes égales aux restitu-
» tions. »

Art. 24. de l'Arrêt de Reglement de la Cour des Grands-Jours, seante à Clermont, du 19 Janvier 1666.

« Fait pareillement deffenses ausdits Sei-
» gneurs d'exiger aucunes amendes pour quel-

N

»que caufe & occafion que ce foit, fi
»elles né font adjugées par Sentences & Ju-
«gemens valablement donnés.

Art. 16 de l'Ordonnance du mois de Novembre 1554.

« Deffendons aux Fermiers des deffauts,
» exploits, & amendes, fur peine de puni-
» tion corporelle, & d'amende arbitraire,
» de compofer & traiter avec les malfaiteurs
» & délinquans, avant qu'ils foient jugés &
» condamnés, & de tirer pour raifon de ce
» aucuns deniers, ou chofes équipollentes. »

Gallon fur les Art. 14 & 15 du Tit. 32
de l'Ordon. de 1669, cite nombre d'Ordon.
& de Reglemens qui deffendent de diminuer
les peines & amendes, confifcations, reftitutions, dommages & intérêts après qu'ils ont
été prononcés.

Il remarque qu'il eft permis aux Juges,
ex juftâ caufâ, de les augmenter, mais que
lorfqu'ils font limités par l'Ordon. ils ne peuvent jamais les diminuer, par ce que, dit-
il, s'il leur étoit libre de les modérer, cela
ne feroit qu'augmenter la licence de mal
faire.

On convient affés que les Ordon. qui deffendent de diminuer les peines, après qu'elles ont été prononcées doivent être éxécutées.
Segaud fur Gallon T. 2. p. 690., dit que
cela eft conforme à la difpofition générale

du Droit, fuivant lequel *Judex fuam nec predeceſſoris ſui ſententiam poteſt immutare*, & que la peine prononcée contre ceux qui tombent dans la prohibition de la Loi à cet égard, n'eſt pas trop forte, & doit être ſuivie, étant à préſumer que le changement qui ſe fait après coup, n'eſt que pour favoriſer le coupable, & c'eſt par conſéquent une prévarication.

Mais il n'en eſt pas de même de celles qui deffendent de les modérer par le Jugement, malgré ce que dit Gallon, & les autorités qu'il raporte pour apuyer ſon ſentiment. Segaud au lieu cité, dit que leurs diſpoſitions ne regardent régulierement que les premiers Juges, & que les Tables de Marbre & les Juges en dernier reſſort ſont dans l'uſage de les modérer : & cela fondé ſur l'Art. 8 du même Titre, qui porte « & » d'autant que les amendes au pied le tour » ont été réglées ſuivant la valeur & état des » Bois de l'Année 1518, depuis laquelle ils » ſont montés à beaucoup plus haut prix, » Ordonnons que, conformement à l'Ordon. » faite par Henry III. en l'année 1588, & » aux Arrêts & Réglemens des mois de Sep- » tembre 1601, Juin 1602, & Octobre » 1623, les reſtitutions, dommages, & in- » térêts ſeront adjugés de tous délits, au moins » à pareille ſomme que portera l'amende. » D'où il conclud qu'on ne s'écarte point de

l'esprit de l'Ordon. en les modérant proporti-
onéllement à la valeur des Bois, d'autant
plus que le prix n'en est pas égal par tout,
& que les intérêts qui doivent être adjugés
à la même somme que l'amende, remplaçant
la valeur du Bois, le délit paroit suffisam-
ment puni par l'amende qu'on y ajoute, par
maniere de peine, ce qui paroît, ajoute-t-
il, encore autorisé par l'Art. 23 du même
Titre, qui porte que les Receveurs des a-
mendes en feront le récouvrement après que
l'apel aura été jugé, soit que l'amende ait
été augmentée ou modérée à la Table de
Marbre : à quoi on peut encore ajouter l'Art.
21 du Reglement de 1716, « qui dit que
» les Collecteurs des amendes pourront por-
» ter en reprise les parties dont les condam-
» nés auroient obtenu décharge ou diminution
» en cause d'apel. *Vide Segaud sur les Art.* 8,
14, & 23.

Malgré ces raisons, nous croyons qu'il
faut s'en tenir à cet égard au sentiment de
Gallon sur l'Art. 23. p. 712, où il dit que
cela n'est entendu que des amendes arbitraires, & non de celles qui sont fixées & dé-
terminées par l'Ordon. qui en effet est trop
précise pour pouvoir être éludée. L'Art. 50
de l'Edit de 1716 est formel, & léve tous
les doutes à cet égard, & l'Art. 51 qui déclare que nulle autre estimation n'aura lieu
pour la valeur des Bois coupés en délits, que

celle prefcrite par l'Ordon. du mois d'Août 1669, anéantit tous les motifs que Segaud a tiré des difpofitions de l'Art. 8 du Tit. 23. Il eft vrai que fur l'Art. 14, il femble douter de l'autorité du Reglement de 1716, fur l'Ordon. de 1669 : mais l'on ne croit pas que ce point de Droit puiffe former une queftion, avec d'autant plus de raifon que l'Edit de 1716, eft revêtu des mêmes formes que celui de 1669, qu'il contient un dérogatoire précis, & a été regiftré fans aucune modification de la part des Cours : au furplus, ces réfléxions ne peuvent être d'aucune aplication à l'efpéce que nous traitons, qui n'eft fufceptible d'aucune eftimation.

Les deffenfes de recevoir les amendes avant qu'elles ayent été adjugées, font fondées en raifon, tant à l'égard du Roy, que vis-à-vis des Particuliers ; fi les amendes pouvoient fe recevoir pour le Roy avant la condamnation, les Officiers pourroient commettre des prévarications qui furchargeroient les délinquans, & fruftreroient le Roy d'une partie de l'amende.

Si d'un autre côté les Seigneurs pouvoient les recevoir fans formalité, ils auroient là facilité de véxer les délinquans qui ne feroient pas inftruits de la nature des peines qu'ils auroient encouruës, & ôteroient les moyens de fe deffendre ou de s'excufer à

N iij

ceux qui auroient affés de timidité pour n'oser leur résister.

§. VI. *En fait de Chasse, peut-on outre l'amende, condamner en des dommages, intérêts?*

On condamne affés souvent pour fait de Chasse, dit l'auteur des nouvelles Nottes sur le Code des Chasses, p. 284. T. 1, en l'amende, & en pareille somme de dommages, intérêts, ce qui n'est pas sans erreur; le mal entendu vient de ce qu'on a apliqué, sans aucune raison, au fait de la Chasse l'Art. 8 des peines & amendes de l'Ordon. de 1669. Or il est évident qu'il ne peut être adopté à un fait de Chasse : car, conclut-il, p. 482 du même Volume, les Seigneurs ne sont point Propriétaires du Gibier pris.

La Chasse n'est point un vol, mais seulement une infraction de la Police du Royaume. *Probavimus suprà §. 1. de ce Chapitre.* Or on ne restitue point ce que l'on possede légitimement : donc on ne peut ordonner de restitution, ni condamner en des dommages, intérêts outre l'amende, pour la reparation des délits eu fait de Chasse.

Segaud sur Gallon, T. 2. p. 621, remarque que l'usage à la Table de Marbre de Dijon, étoit autrefois d'adjuger la moitié de l'amende au Roy, en fait de Chasse, &

l'autre moitié au Seigneur, pour lui tenir lieu d'intérêts, mais que cet usage a changé depuis quelques années, sur ce que le Parlement réforma un Jugement de la Table de Marbre, & adjugea la totalité de l'amende au Roy, & que tel est actuellement l'usage.

Aujourd'hui cet usage est suivi constamment dans tous les Tribunaux, & on n'y adjuge jamais des restitutions ni dommages, intérêts : mais on condamne seulement les délinquans en l'amende prononcée par l'Ordonnance, pour la reparation du fait dont ils sont prévenus.

§. VII. Amendes se prescrivent par dix ans.

Art. 25 du Titre 32 de l'Ordonnance de 1669.

« Les amendes ne pourront être prescrites » que par dix ans, nonobstant tous usages » & coutumes contraires. »

D'où il suit que dans les Coutumes, comme Berry, Tit. 12. Art. 15. Bourbonnois, Tit. 13. Art. 16. qui admettent cette prescription après deux ou trois ans, elle ne doit néanmoins y avoir lieu qu'après dix années marquées par cet Art. qui déroge à tous usages & coutumes contraires.

Il faut remarquer qu'en fait de prescription, les jours intercalaires ne font point considérés. *L. 2. de divers. temp. préscr.* & que pour que le débiteur foit libéré par la prescription, il eft néceffaire que le dernier jour foit accompli. *L. 6. de oblig. & act. Cujas fur cette Loy. Defpeiffes N°. 20. Lacombe,* verbo *préfcription, Sect.* 1 N°. 5. Mais elle eft interrompuë par la reconnoiffance du débiteur, même d'un des débiteurs folidaires, & par un fimple Commandement fait en vertu d'un Titre éxécutoire. Lacombe *ibidem,* Sect. 4.

---

§. *VIII. A qui apartiennent les amendes.*

Régulierement les amendes apartiennent au Roy ou aux Seigneurs Haut-Jufticiers, fuivant que les condamnations en font prononcées par les Juges Royaux ou par ceux des Seigneurs Haut-Jufticiers, elles ont pour objet de punir les coupables, & d'indemnifer foit le Roy, foit les Haut-Jufticiers, des frais confidérables que leur occafionne l'adminiftration de la Juftice.

Mais quand à celles qui s'adjugent pour la réparation des délits commis en fait d'Eaux & Forêts, & Chaffe, il eft néceffaire de diftinguer avec l'Ordon. les lieux où les délits ont été commis.

1°. Si c'eſt dans les Bois & Domaines de Sa Majeſté, ils apartiennent au Roy, ſuivant preſque tous les Art. du Tit. 27 de l'Ordon. de 1669.

2°. Dans les Bois tenus en Grurie, Segrairie, Tiers, & Danger, les amendes en appartiennent encore au Roy qui s'eſt réſervé la Juſtice & la Chaſſe dans ces Bois, avec tous les profits qui en procédent. Art. 1er. & 12 du Tit. 32 de lad. Ordon.

A l'égard de celles qui s'adjugent pour raiſon des délits commis dans les Bois des Communautés & gens de main-morte, elles apartiennent pareillement au Roy, en conſéquence des Articles 4 & 7 du Tit. 24 & 17 du Tit. 32, comme protecteur & conſervateur des biens des Eccléſiaſtiques, & gens de main-morte, & comme ayant réſervé à ſes Officiers la connoiſſance des délits qui s'y commettent, par ſa Déclaration du 8 Janvier 1715. *V. inf. Chap.* 18.

Mais pour celles encouruës pour raiſon des délits commis en contravention aux Ordon. qui deffendent la Chaſſe, j'eſtime qu'elles doivent apartenir aux Proprietaires de la Juſtice dans laquelle la reparation en ſera pourſuivie, par la raiſon que Sa Majeſté ne s'étant réſervée aucune Juriſdiction à cet égard, il en doit être uſé comme avant la Déclaration de 1715 : Or avant cette Déclaration, toutes les amendes pour délits commis, non feulement dans les Droits, mais encore dans les Bois des Eccléfiaftiques, apartenoient aux Propriétaires de la Juftice dans laquelle la demande en étoit portée, elle doit donc encore leur apartenir dans les parties fur lefquelles cette Déclaration n'a rien innové. Segaud fur l'Art. 11 du Tit. 24 de ladite Ordon.

Celles des délits commis dans les Bois communaux des habitans, apartiennent aux Haut-Jufticiers du lieu où font fitués les Bois, fi la reparation s'en pourfuit dans fa Juftice. Art. 21 du Tit. 25.

Enfin celles prononcées par l'Ordon. pour la reparation des délits commis dans les Bois des Particuliers apartiendront pareillement aux Hauts-Jufticiers, fi la demande en eft portée dans leur Juftice : c'eft l'efprit de l'Art. 17 du Tit. 32, par lequel le Roy ne s'eft point réfervé ces amendes.

Mais fi ces délits avoient été commis par les Seigneurs Haut-Jufticiers eux-mêmes, l'amende devroit apartenir au Roy, fes Officiers étant feuls compétans pour en connoître, fuivant la Déclaration du 8 Janvier 1715.

Neanmoins dans tous les cas, fi les demandes pour délits étoient régulierement portées devant les Maîtrifes ou autres Juges Royaux qui en pourroient prendre connoiffance, il feroit fans difficulté que l'amende apartiendroit au Roy., par la raifon que les amendes font des profits de Juftice qui apartiennent à celui aux dépens duquel la Juftice fe rend , foit Propriétaire ufufruitier ou autres. C'eft d'ailleurs une efpéce de punition de la négligence des Officiers des Seigneurs qui peuvent facilement prévenir ceux des Maîtrifes, ceux-ci n'ayant le Droit de connoître des délits qui fe commettent dans l'étendue de leur Territoire, qu'autant que leur prévention a été précédée de requifition. *Vide infrà* Chapitre 18. §. 2.

Il eft encore bon d'obferver que les amendes des délits commis dans les Terres & Seigneuries engagées à quelque Titre que ce foit, apartiennent encore au Roy, fuivant les Articles 5 & 6 du Tit. 22 de l'Ordon. de 1669.

Il en eft de même de celles des délits jugés par le Grand-Maître , dans le cours de fes vifites : la raifon eft la même que celle qui décide pour les Maîtrifes, n'étant pas d'ailleurs naturel d'adjuger au Seigneur, l'amende encourue pour raifon d'un délit que fes Officiers, ou peut-être lui même ont tolérés.

Il eft auffi bon de remarquer que l'apel ne dérange en rien les régles que nous venons de pofer, les amendes étantes irrévocablement acquifes par le Jugement de la caufe principale, ſoit qu'elles ſoient confirmées, augmentées, ou modérées en cauſe d'apel.

Sur tout ce que deſſus, Vide le Code des Chaſſes, T. 1. p. 284, & 480. édit. de 1720, & T. 2. p. 43, & ſuivantes, le Traité de la Pratique univerſelle des Terriers, T. 3. p. 338. Conférences de l'Ordonnance de 1669, par Gallon & Segaud ſur icelles p. 621, & 718, & ſuivantes. Lacombe, Traité des matieres criminelles 61 Ad.

Quand à la portion qui s'accorde ſur les amendes au dénonciateur, voyez le §. ſuivant.

§. IX. *Du Délateur, ou Dénonciateur.*

Diſpoſitions des Ordonnances.

Art. 2 de l'Ordonnance de Philippe V, dit Le Long, en 1318.

« Deffendons de faire panneaux ; & ſera » crié par toutes les Châtellenies, aux jours » de Marché, par trois huitaines : que tous » ceux qui ont panneaux à Conils, ou Liè» vres, ſoit qu'ils ayent Garennes ou non, » les aporteront au Châtelet du Reſſort dont » ils ſont, & là ſeront *Ards*, à jour de Mar» ché devant le peuple. & ſi après le baniſſe» ment, panneaux étoient trouvés ſur qui que » ce ſoit, il payera ſoixante ſols pariſis d'amende

»mende, ou la volonté du Roy, ou de ce-
»lui en la Juſtice duquel ſera trouvé, &
»*aura le Dénonciateur le tiers* de l'amende.

Art. 25 des Edits de Janvier 1600,
& Juin 1601.

« Avons attribués , & attribuons *aux Dénon-*
ciateurs des délinquans, coupables, & contre-
»venans à noſd. deffenſes, le tiers denier pro-
»venant deſd. amendes & confiſcations, après
»toutes fois qu'elles feront jugées par Arrêts
»de nos Cours Souveraines. »

Le délateur ou le dénonciateur eſt celui
qui dénonce à la Juſtice un crime ou délit;
& celui qui en eſt l'auteur : ſoit en le nom-
mant, ou le déſignant de quelque autre maniere, ſans ſe porter partie civile.

On fait cette différence entre eux, que l'at-
tachement ſévére à la Loi, ſemble être le
motif du dénonciateur ; un dévoüement bas,
mercenaire & ſervile, ou une méchanceté
qui ſe plait à faire mal, ſans qu'il revienne
aucun bien, celui du délateur; on eſt porté à
croire que le délateur eſt un homme vendu,
le dénonciateur un homme indigné. Quoique
ces perſonnages ſoient également odieux aux
yeux du peuple, il eſt des occaſions où le
Philoſophe ne peut s'empêcher de loüer le
dénonciateur, mais le délateur lui paroit mé-
priſable dans toutes. On dit communément
qu'il a fallu que le dénonciateur ſurmontât

O

le préjugé pour dénoncer, & que l'on n'est
point délateur ; tant qu'on a dans l'ame une
ombre d'elévation, d'honnêteté, & de digni-
té ; quoi qu'il en soit, la qualité de délateur
& celle de dénonciateur sont dans le fond la
même chose, & il nous suffit d'observer
qu'en France on ne se sert que du terme de
dénonciateur.

Parmi nous, les délateurs ou dénonciateurs
sont regardés peu favorablement, ils sont néanmoins autorisés tant en matiere criminelle
qu'en matiere de Police & de contravention
aux Edits & Déclarations concernant la per-
ception des deniers publics, ou pour les contraventions aux Statuts & Réglemens des
Arts & Metiers.

Nous distinguons deux sortes de dénonciateurs, les uns volontaires, les autres forcés :
les premiers sont ceux qui se portent volon-
tairement à faire une denonciation, sans y
être obligés par état ni par aucune Loi :
les dénonciateurs forcés, sont ceux qui par état
sont obligés de dénoncer les délits dont ils
ont connoissance : tels sont les Gardes des
Eaux & Forêts & Chasses, les Messiers,
& autres préposés semblables, qui prêtent
même serment à cet effet. Il y a aussi certains cas ou la Loi oblige tous ceux qui ont
connoissance d'un certain crime, à le dénoncer, comme en fait de crime de Lèze-
Majesté humaine*, & dans tous les crimes

dont la punition intéresse la société : l'Eglise accorde des Lettres qu'on apelle *Monitoire*, qui enjoignent, à peine d'excommunication, de dénoncer à la Justice le crime indiqué, & cette dénonciation s'apelle révélation.

Il y a néanmoins certaines personnes qui ne sont pas obligées d'en dénoncer d'autres, comme la Femme à l'égard de son Mary, *& vice versâ* : le Fils à l'égard de son Pere, & le Pere à l'égard de son Fils.

On ne doit point recevoir aucunes dénonciations de la part des personnes notées d'infamie, ni de celles qui paroissent prévenuës de quelque passion violente contre ceux qu'elles dénoncent, c'est-à-dire, que le ministére public ne doit point asseoir une procédure sur une semblable dénonciation, il peut seulement la regarder comme un memoire, & s'informer d'ailleurs des faits qu'elle contient.

Les dénonciateurs, dont la Dénonciation se trouve mal fondée, doivent être condamnés aux dépens, dommages, & intérêts des accusés, & même en plus grande peine, s'il paroît que la Dénonciation ait été faite de mauvaise foy, par vengence, & à dessein de perdre l'accusé.

Dans les matieres de contraventions, les Réglemens attribuent au dénonciateur une portion des amendes & confiscations ; en fait de Chasse, cette portion est réglée, par les Ordon. dont nous avons raporté ci-dessus

O ij

les difpofitions, au tiers, & il paroît que cela s'obferve ainfi dans l'ufage, fuivant un Jugement du 16 Fevrier 1680, raporté au Code des Chaffes T. 1. p. 226. *édit. de* 1720: enforte que l'on ne voit pas fur quel fondement l'auteur des nouvelles Nottes fur cet ouvrage, infinuë p. 284, qu'il n'eft rien accordé au dénonciateur fur les amendes. L'Art. 25 de l'Edit de 1601 a fans doute échapé à fes recherches, & il eft du moins vraifemblable que s'il l'eut eu préfent, lorfqu'il a écrit cette notte, il eut écarté tous fes doutes, avec d'autant plus de raifon, que l'autorité de cet Edit, eft pleinement confirmée par l'Art. 1. du Tit. 30 de l'Ordon. de 1669, qui ne contient rien de contraire à ce qu'il prononce à cet égard.

Par Arrêt raporté au Journal des Audiances T. 1. Chap. 98. p. 70, il a été jugé que le Procureur du Roy des Eaux & Forêts de Château-Thierry étoit tenu des dommages, intérêts de deux Particulièrs par lui accufés d'avoir tué une Biche, faute par lui de nommer un dénonciateur infcrit fur fon regiftre, quoiqu'il repréfentât une lettre de M. le Comte de S. Paul, par la quelle il le prioit de pourfuivre ces deux Particuliers.

Cela montre combien un Officier public doit être circonfpect dans fes démarches, & qu'il ne doit agir que lorfqu'il a une certitude, au moins morale, des faits qui font le fondement de son accusation, quelque respectables que soient les personnes qui lui en ont rendu témoignage.

---

§. X. *Partie publique ne peut obtenir, ni être condamnée aux dépens.*

On apelle dépens, les frais qui ont été faits dans la poursuite d'un procès, qui entrent en taxe, & doivent être payés à celui qui a obtenu gain de cause, par celui qui a succombé, & qui est condamné envers l'autre aux dépens.

Le ministere public n'est jamais condamné aux dépens, lors même qu'il succombe dans ses demandes, par ce qu'il n'est point réputé avoir fait de mauvaises contestations : mais comme il ne paye point de dépens, il n'obtient point non plus de condamnations de dépens lorsqu'il obtient à ses fins, suivant cette maxime *nam fiscus gratis litigat*, Bacquet des Droits de Justice, Chap. 7. Nº. 19. & suivans. Lacombe *ibidem* p. 580. Code des Chasses, T. 1. p. 420, T. 2. p. 44. Art. 41 de l'Ordon. de Blois qui porte « Deffendons très - expressement à nos Présidens & » tous autres Juges de taxer aucunes épices » où il n'y aura que nos Procureurs Géné- » raux, & leurs Substituts Parties, excepté » néanmoins pour le regard des gros procès

» Domaniaux, pour lesquels leur sera pourvû
» particulierement. »

Gallon T. 1. p. 367, édit. de 1752, dit
que cette Ordon. ne doit avoir lieu que pour
les procès instruits dans les Justices ordinaires,
& non dans celles des Eaux & Forêts qui sont
extraordinaires, dont la Jurisprudence est
différente, qu'il les croit dans l'exception de
l'Art. ; les procés dont ils connoissent étant
censés & réputés Domaniaux, ce qui lui fait
présumer que l'aplication de la maxime *fiscus
gratis litigat*, & tout ce qu'a dit Bacquet à
ce sujet, ne concerne que les Justices ordinaires.

La réponse à ces raisons se tire de l'Art.
9 du Titre des Greffiers de l'Ordon. de
1669, qui leur permet d'employer dans les
Rôles des amendes adjugées au Roy, cinq sols
sur chaque Article de condamnation pour
Droit de chacun deffaut qui sera levé, & sept
sols six deniers pour le salaire du Sergent,
sur le raport duquel il y a condamnation,
d'où M. Simon sur Gallon p. 420, conclud
que l'Ordon. réglant seulement les Droits du
Greffier, & ceux du Garde, la volonté du
Législateur est que le Juge ni autres Officiers
n'ayent aucunes vacations ni dépens, par ce
que le Roy n'étant pas condamné aux dépens
quand on forme des demandes contre ses
Procureurs, il ne seroit pas juste que ceux
contre qui ils plaident lui payassent les siens.

En effet , ajoute - t - il , il a toujours été deffendu en fait d'Eaux & Forêts , d'adjuger aucus dépens quand le Procureur du Roy est
seul partie. L'Art. 31 de l'Ordon. de 1600 ,
renduë sur le fait des Chasses , qui porte ,
« voulons dorênavant qu'en tous procès con-
» cernant nos Eaux & Forêts , & le fait de
» nos Chasses , èsquels il n'y aura partie que
» notre Procureur , qui seront instruits & jugés
» par deffaut , les dépens nous être en tous cas
» adjugés. Et quand aux Procès qui seront ins-
» truits & jugés par parties comparantes , n'en-
» tendons aucune adjudication de dépens nous
» être faire , non plus que du passé , » prouve
qu'avant cette Ordon. , il n'étoit pas d'usage
d'adjuger des dépens à la partie publique ,
& le Roy confirmant cet usage , se borne seulement à y faire une légére exception , qui
ne doit plus avoir lieu depuis que l'Ordon.
de 1669 a réglé les dépens des deffauts par
l'Art. ci - dessus raporté ; ainsi la régle étant
par là restituée à son principe , on doit tenir
pour maxime constante , contre l'avis de Gallon , que toutes les fois que le ministere public agit de son plein mouvement , & est
seul partie , il ne doit dans aucun cas obtenir
de condamnation de dépens. Il y a un Arrêt de Réglement du Parlement de Dijon du
mois de Mars 1717 , qui deffend aux Maîtrises du ressort d'adjuger aucuns dépens dans

les affaires où il n'y auroit que le Roy pour partie, voyez Simon & Segaud fur Gaillon, T. 1. édit. de 1752. p. 347, 420, 421, 554, & T. 2. p. 621.

Il faut néanmoins excepter de cette maxime, les Procureurs-Fiscaux lorsqu'ils pourfuivent en cette qualité les actions qui concernent les Domaines, Droits, & revenus ordinaires ou cafuels, tant en Fief que Roture de la Terre, même les Baux, fous-Baux, & joüiffance, circonftances & dépendances, *que le Seigneur auroit pu pourfuivre lui-même dans fa Juftice,* fuivant l'Art. 11 du Tit. 24 de l'Ordon. de 1667, dans le Jugement defquelles ils doivent obtenir des dépens, ou y être condamnés, *Bacquet des Droits de Juftice,* Chap. 7. N°. 22. La raifon eft que dans ces cas ils agiffent comme Procureurs des Seigneurs, & non pas comme éxerçant cette partie de leur miniftere, dont les fonctions n'intéreffent que le Public.

Il faut encore remarquer que, lorfqu'il y a apel du Jugement par lequel le Procureur-Fiscal n'a pu être condamné aux dépens, l'apelant qui fuccombe en fon apel, doit être condamné aux dépens envers le Haut-Jufticier. *Lacombe* ibidem, *page* 581. *Arrêt du* 18 *Mars* 1581, *raporté par Bacquet. Traité des Droits de Juftice,* Chap. 7. N°. 21.

*§. XI Difpofitions des Ordonnances fur les
peines & amendes.*

Autorité des anciennes Ordonnances.

Art. 1er. du Tit. 30 de l'Ordon. de 1669.

1. Les Ordon. des Roys, nos prédécef-
feurs, fur le fait des Chaffes, & fpéciale-
ment celles des Mois de Juin 1601, & Juillet 1607, feront obfervées en toutes leurs
difpofitions aufquelles nous n'avons point dérogé, & qui ne contiennent rien de contraire
à ces préfentes.

Abrogation de la peine de mort.

Art. 2. ibidem.

2. Deffendons à nos Juges & à tous autres,
de condamner au dernier fuplice pour le fait
de Chaffe, de quelque qualité que foit la
contravention, s'il n'y a d'autres crimes mêlés qui puiffent mériter cette peine, nonob-
ftant l'Art. 14 de l'Ordon. de 1601, auquel
nous dérogeons expreffement à cet égard.

N. B. Cet Art. autorifoit les Juges à prononcer la peine de mort pour une quatrieme
récidive.

Deffenſes de ſe ſervir des armes à feu,
 briſées, & des cannes ou bâtons
 creuſés.

Art. 3. ibid. ſuprà *Chap.* 7. §. 2.

3. Interdiſons à toutes perſonnes ſans diſ-
tinction de qualité, de tems, ni de lieux,
l'uſage des armes à feu briſées par la croſſe,
ou par le canon, & des cannes ou bâtons
creuſés, même d'en porter ſous quelque prétexte que ce puiſſe être, & à tous ouvriers
d'en fabriquer & façonner, à peine contre les
Particuliers de 100 liv. d'amende, outre la
confiſcation pour la premiere fois, & de punition corporelle pour la deuxieme : & contre
les ouvriers de punition corporelle pour la
premiere fois.

Deffenſes de chaſſer à feu & d'entrer
 ou demeurer la nuit dans les Forêts
 avec armes à feu.

Art. 4. ibid. ſup. *Chap.* 7. §. 1.

4. Faiſons auſſi deffenſes à toutes perſonnes de chaſſer à feu, & d'entrer ou demeurer la nuit dans nos Forêts, Bois & Buiſſons
en dépendans, ni même dans les Bois des
Particuliers avec armes à feu, à peine de
100 liv. d'amende, & de punition corporelle
s'il y échoit.

Limitation de l'Art. précédent.

Art. 5. ibid.

5. Pourront néanmoins nos Sujets de la qualité requise par les Edits & Ordon. paſſans par les grands chemins des Forêts & Bois, porter des piſtolets & autres armes non prohibées pour la deffenſe & conſervation de leur perſonne.

Art. 6. ibid.

6. Pourront pareillement les Gardes des Plaines, & les Sergens à Garde de nos Bois, lorſqu'ils feront leurs Charges, étant revétus de caſaques de nos livrées, & non autrement, y porter piſtolets, tant de nuit que de jour, pour la deffenſe de leur perſonne.

Cas où les Gardes peuvent porter des Fuſils.

Art. 7. ibid. ſup. Chap. 5. §. 9.

7. Ne pourront les Gardes-Plaines de nos Capitaineries, tant à pied qu'à cheval, porter aucune Arquebuſe à roüet, ou fuſil dans nos Forêts & Plaines, s'ils ne ſont à la ſuite de leurs Capitaines, à peine de cinquante livres d'amende, & de deſtitution de leurs Charges.

Deffenfes de prendre des Aires d'oifeaux dans les Forêts du Roy, & ailleurs, les œufs de Cailles & de Perdrix.

Art. 8. ibid. fup. *Chap.* 9. §. 1.

8. Deffendons à toutes perfonnes de prendre en nos Forêts, Garennes, Buiffons, & Plaifirs, aucuns Aires d'oifeaux de quelque efpéce que ce foit, & en tous autres lieux les œufs de Cailles, Perdrix, & Faifans, à peine de cent livres pour la premiere fois : du double pour la feconde : du foüet & du baniffement à fix lieuës de la Forêt pour la troifieme.

Deffenfes de chaffer dans les Garennes.

Art. 10. ibid. fup. *Chap.* 6. §. 2.

9. Voulons que ceux qui feront convaincus d'avoir ouvert & ruiné des hallots & raboullieres (*trous où le Gibier fe retire*) qui font dans nos Garennes ou en celles de nos fujets, foient punis comme voleurs.

N. B. Les Articles 11 de l'Ordonnance de 1601, & 7 de celle de 1607, veulent que les voleurs de Gibier foient punis de même que les autres voleurs.

Des

Des Tendeurs de Lacs, &c.

Art. 11. ibid. fup. Chap. 7. §. 5.

10. Tous Tendeurs de Lacs, Tiraffes, Tonnelles, Traineaux, Bricoles de corde & fil d'aréchal, pieces de Pans, de Rets, Colliers, Halliers de fil ou de foye, feront condamnés au foüet pour la premiere fois, & en trente liv. d'amende : & pour la feconde fois fuftigés, flétris & bannis pour cinq ans hors de l'étenduë de la Maîtrife, foit qu'ils ayent commis délits dans nos Forêts, Garennes, & Terres de notre Domaine, ou en celles des Eccléfiaftiques, Communautés, & Particuliers de notre Royaume, fans exception.

Deffenfes de chaffer fur les Terres du Roy.

Art. 12. ibid. fup. Chap. 6. §. 1.

11. Faifons très-expreffes inhibitions & deffenfes à tous Seigneurs, Gentil-hommes, Haut-jufticiers, & autres Perfonnes de quelque qualité & condition qu'elles foient, de tirer ou chaffer à bruit, dans nos Forêts, Buiffons, Garennes & Plaines, s'ils n'en ont Titres ou Permiffion ; à peine contre les Seigneurs de défobéiffance, & de 1500. liv. d'amende ; & contre les Roturiers, des amendes & autres condamnations indictes par l'Edit de 1601, à la réferve de la peine de mort ci-deffus, abolie à cet égard.

P

De la Chasse aux Cerfs, Biches, Faons, Sangliers, & Chevreüils.

Art. 12 *de l'Edit de Janvier* 1601. fup. *Chap.* 8. §. 1.

12. Ceux qui auront chaffé aux Cerfs, Biches, & Faons, feront condamnés en quatre-vingt-trois écus, un tiers d'amende, & aux Sangliers & Chevreüils, en quarante-un écu, un tiers d'amende, s'ils ont de quoi payer, finon & à deffaut de ce, feront battus de verges fous la cuftode, jufqu'à effufion de fang.

Des récidives.

Art. 13. ibid. fup. *Chap.* 16. §. 4.

13. S'ils retournent pour la feconde fois après lad. punition, feront battus de verges au tour des Forêts, Bois, Buiffons, Garennes & autres lieux où ils auront délinqués, & bannis à quinze lieuës à l'entour.

Des récidives qui n'ont point été punies.

Art. 15. ibid.

14. Ceux qui auront contrevenu aux deffenfes fufd., & chaffé par plufieurs & diverfes fois aufd. Cerfs, Biches & Faons, fans avoir été punis, feront condamnés en cent

foixante - fix écus, deux tiers d'amende, s'ils
ont de quoi payer, & en defaut de ce, feront
battus de verges aux environs des Forêts,
Bois, Buiffons, Garennes & autres lieux où
ils auront délinqués, & bannis à trente lieuës
à l'entour, & en chacun defd. cas les venai-
fons, chiens, filets, bâtons, & engeins confifqués.

Des fecondes & autres récidives
après punition.

Art. 14 & 16. ibid.

15. Après lefd. punitions s'ils y retournent
pour la tierce fois, feront envoyés aux Ga-
leres, ou battus de verges & bannis perpétuel-
lement de notre Royaume, & leurs biens
confifqués : & s'ils étoient incorrigibles, ob-
ftinés, & récidivoient après lefd. punitions,
enfraignant leur ban, feront punis du dernier
fupplice, s'il eft ainfi trouvé raifonnable par
les gens qui feront leur procès, à fcience defquels avons remis d'en ordonner fuivant l'éxigence des cas.

N. B. C'eft cette peine du dernier fuplice
qui a été abrogée par l'Art. 2 du Tit. 30 de
l'Ordonnance des Eaux & Forêts, rapórtée ci
deffus N°. 1.

De la Chasse par les Roturiers n'ayant point de Fiefs.

Art. 28 du Tit. 30 de l'Ordon. de 1669. sup.
Chap. 5. S. 7.

16. Faisons deffenses aux Marchands, Artisans, Bourgeois, & autres Habitans des Villes, Bourgs, Paroisses, Villages, & Hameaux, Paysans & Roturiers de quelque état & qualité qu'ils soient, non possédans Fiefs, Seigneuries & Hautes - Justices, de chasser en quelques lieux, sorte & maniere, & sur quelque Gibier de poil ou de plume que ce puisse être, à peine de cent liv. d'amende pour la premiere fois : du doube pour la seconde : & pour la troisieme d'être attaché trois heures au carcan du lieu de leur résidence, à jour de Marché, & bannis durant trois années du ressort de la Maîtrise, sans que pour quelque cause que ce soit les Juges puissent remettre ou modérer la peine, à peine d'interdiction.

N. B. Nous ne raporterons point les Art. 17 & 18 de l'Ordon. de 1601. & l'Art. 1. de l'Ordon. de 1607, qui différent de celui ci-dessus, tant pour les peines pécuniaires que pour les corporelles, & qui par cette raison ne nous paroissent pas dans le cas d'être observés, ou qui du moins ne devroient l'être que lorsque le délit est agravé par les circonstances, comme lorsqu'au crime de braconage est joint celui de port d'armes, de menaces & de violence.

De la Chasse aux Chiens - Couchans & au Vol.

Art. 16. ibid. sup. *Chap.* 7. §. 2 & 3.

17. Interdisons la Chasse aux Chiens - Couchans en tous lieux, & l'usage de tirer en volant à trois lieuës de nos plaisirs, à peine de 200 liv. d'amende pour la premiere fois : du double pour la seconde : du triple pour la troisieme, outre le banissement à perpétuité dans l'étenduë de la Maîtrise.

N. B. La Chasse aux Chiens - Couchans en tous lieux est également deffenduë par les Ordon. de 1601, & de 1607.

De la Chasse dans les Terres ensemencées.

Art. 18. ibid. sup. *Chap.* 6. §. 3.

18. Deffendons à tous Gentil - Hommes, ou autres ayant Droit de Chasse, de chasser à pied ou à cheval avec chiens ou oiseaux sur Terres ensemencées, depuis que le Bled sera en tuyau, & dans les Vignes depuis le premier jour de May jusqu'après la dépoüille, à peine de privation de leur Droit de Chasse, cinq cent liv. d'amende, & de tous dépens, dommages, & intérêts envers les propriétaires & usufruitiers.

P iij

N. B. L'Art. 108 de l'Ordon. d'Orleans, le
285 de celle de Blois, portent la même deffense: mais seulement sous peine de dommages &
intérêts. L'Art. 17 de la Déclaration du 17
Juin 1709 prononce en outre 520 liv. d'aumo-
nes & encore contre les Roturiers 100 livres
d'amende conformement à l'Art. 18 du Tit. 30
de l'Ordon. de 1669.

Deffenses d'établir Garennes.

Art. 10. ibid. sup. *Chap.* 11.

19. Nul ne pourra établir Garenne, à
l'avenir, s'il n'en a le Droit par ses aveux &
dénombremens, possessions & autres Titres
suffisans, à peine de 500. liv. d'amende, &
en outre d'être la Garenne détruite & ruinée
à ses dépens.

De ceux qui troublent les Officiers des Chasses dans leurs fonctions.

Art. 29. ibid.

20. Si quelques Particuliers riverains de
nos Forêts & autres de quelque qualité qu'ils
soient, troubloient les Officiers de nos Chasses dans leurs fonctions, ou leur faisoient
quelque violence pour se maintenir dans le
Droit de Chasse qu'ils y pourroient avoir u-
surpés; voulons qu'ils soient condamnés pour
la premiere fois à la somme de 3000. livres
d'amende, & en cas de récidives, privés de

tous Droits de Chasse sur leurs Terres riverai-
nes, sauf néanmoins une peine plus sevére, si
la violence étoit qualifiée.

Art. 30. ibid.

21. Quand aux Prêtres, Moines & Religieux qui tomberoient dans cette faute, & n'auroient pas de quoi satisfaire à l'amende, il
leur sera deffendu pour la premiere fois de
demeurer plus près des Forêts, Bois, Plaines & Buissons que de quatre lieuës, & en
cas de récidive, en seront éloignés de dix lieuës
par saisie de leur Temporel, & par toutes autres voyes raisonnables, conformement à la
Déclaration de François Premier, du mois de
Mars de l'Année 1515.

Art. 18 de l'Ordon. du mois de Mars 1515.

22. Et pour ce que plusieurs Clercs pourroient enfreindre nosd. Ordon., & pour éviter
la punition dessus dite, se voudroient targer de
leur Tonsure : Nous, pour obvier à leur ma-
lice & à ce que nos Ordon. ne soient frustra-
toires; avons ordonné & ordonnons que si aucuns Clercs, Prêtres, Moines ou Religieux at-
tentoient contre nosd. Ordon., qu'il leur soit
deffendu de demeurer à quatre lieuës d'icelles
Forêts, Buissons, ou Garennes, & néanmoins soient rendus à leurs Juges chargés du
cas privilegié, & punis d'icelui suivant l'exi-
gence des cas, & s'ils étoient coutumiers de ce

faire, leur fera deffendu de demeurer à vingt
lieues près defd. Forêts, & à ce feront contraints par prinfes du temporel, & par toutes
autres voyes dües & raifonnables.

Application des Peines Corporelles.

Art. 24 de l'Edit de Janvier 1601. fup. Chap. 16. §. 4.

23. N'entendons toutes fois que les peines
inflictives de Corps foient executées, finon fur
des perfonnes viles & abjectes, & non autres.

Peines Arbitraires.

Art. 23. ibid. fup. Chap. 16. §. 3.

24. Et où, en aucuns cas de nofd. deffenfes, la peine n'auroit été exprimée par ceftuy
notre Edit; Nous voulons que les infracteurs
& contrevenans foient condamnés par nos Juges & Officiers, en telles peines & amendes
qu'ils verront qu'au cas apartiendra felon la
qualité du délit.

Des Officiers Contrevenans.

Art. 22. ibid. fup. Chap. 5. §. 11.

25. Pareillement ceux de nos Officiers
fur le fait defd. Chaffes & Forêts qui auront
contrevenu à nos deffenfes, ou ufé de négligence ou connivence à l'endroit des infracteurs,
feront condamnés en chacun defd. cas aux

peines & amendes ci-deſſus déclarées pour
la premiere fois : & outre pour la ſeconde
ſuſpendus pour un an : & pour la troiſieme
privés de leurs Offices.

Art. 27 du Tit. 32 de l'Ordon. de 1669.

26. Les Charges des Officiers des Eaux
& Forêts demeureront ſpécialement affectées
& privativement à toutes Dettes & Hypoté-
ques aux reſtitutions, dommages & intérêts,
amendes & dépens adjugés pour délits, né-
gligences & malverſations des Officiers qui
les poſſédent.

Les Particuliers ont la liberté de faire éxécuter dans leurs Terres les Or- donnances des Chaſſes.

Art. 5. du Tit. 26. ibid.

27. Sera libre à tous nos Sujets de faire
punir les délinquans en leurs Bois, Garennes,
Etangs, & Rivierres, même pour la *Chaſſe*
& pour la *Pêche*, des mêmes peines & reparations ordonnées par ces préſentes pour nos
Eaux & Forêts, Chaſſes & Pêcheries, & à
cet effet ſe pourvoir, ſi bon leur ſemble,
pardevant le Grand-Maitre & les Officiers
de la Maîtriſe auſquels en tant que beſoin
ſeroit, nous en attribuons toute connoiſſance
& Juridiction.

Les amendes qui apartiennent au Roy ne peuvent être affermées, ni engagées.

Art. 16 du Tit. 32.

28. Ne pourront les amendes de nos Bois en Futayes ou Taillis, & des Bois en Gruries, Grairie, Tiers & Danger, & par Indivis, Paiffons, & Glandées, Garennes, Eaux & Rivieres être affermées, ni engagées fous quelque prétexte que ce foit, & s'il s'en trouvoit de comprifes en aucuns Engagemens, Baux, & Adjudications, nous les déclarons nuls, & de nul effet; voulons qu'elles foient levées à notre profit avec les reftitutions, confifcations, & autres condamnations à nous apartenantes, par les Sergens, Collecteurs des Maîtrifes, & par eux payés aux Receveurs ainfi qu'il eft ordonné par ces préfentes.

N. B. Rélativement aux difpofitions de cet Art. par Arrêt du Confeil du 15. May 1715, raporté par Gallon fur l'Art. 2 du Tit. 18 de l'Ordon. de 1669, il a été ordonné que les amendes feroient diftraites des Baux, Sous-Baux des Domaines de Sa Majefté. Autrefois, dit Gallon fur cet Art. T. 2. p. 692, il fe pratiquoit qu'après que les amendes avoient été prononcées, & que les Rolles en étoient dreffés & arrêtés, elles étoient adjugées & vendues au plus offrant & dernier enchériffeur, & le prix de l'adjudication payé au Receveur ordi-

naire du Domaine du lieu qui en faifoit recep-
té en fon compte, & les adjudicataires en faifoient le récouvrement à leurs frais & à leur
profit : mais comme il s'y commettoit de grands
abus, & que telles adjudications étoient pré-
judiciables aux intérêts du Roy & à la charge
du Public, elles ont été deffendues, & il a été
ordonné qu'il feroit fait état defd. amendes au
profit du Roy, fans les pouvoir vendre, adjuger, ni affermer, & fans qu'aucuns Officiers
en puiffent prendre ni achetter à leur profit,
ni en recevoir en payement de leurs gages ni
autrement, il raporte au lieu cité, nombre de
Réglemens qui contiennent ces difpofitions.

Par qui fe doit faire la recette des amendes.

Art. 40 du Tit. 30. ibid.

29. La Collecte des amendes adjugées ès
Capitaineries des Chaffes de nos Maifons
Royales ci-deffus nommées, fera faite par
les Sergens, Collecteurs des amendes des
lieux, lefquels fourniront chacune année un é-
tat de leur recepte & dépenfe au Grand-
Maître, dans lequel pourra être employé
jufqu'à la fomme de 300 liv. par nos Capitaines & leurs Lieutenants pour les frais extraordinaires de Procès & de Juftice de leurs
Capitaineries, & pourront taxer aux Gardes-
Chaffes leurs falaires pour leurs raports fur
les deniers des amendes dont le revenant-bon
fera mis entre les mains du Receveur de nos

Bois ou de notre Domaine, pour le payer, & en compter comme des autres deniers de son maniment. Deffendons à tous Greffiers, Sergens, Gardes-Chasses, & autres Officiers de s'immiscer en la Collecte des amendes des Chasses, pourquoi à cet égard sera observé ce qui est ordonné pour les amendes de nos Forêts.

Trois Arrêts du Conseil, entre autres un du 1 Avril 1701, juge que c'est au Receveur de la Maîtrise de Perseigne, & non pas à celui de la Table de Marbre, de recevoir la somme à laquelle avoit été modérée une amende prononcée en la Maîtrise de Perseigne.

Quand aux Droits attribués aux Collecteurs, la maniere dont ils doivent faire le récouvrement, & celle dont ils sont tenus d'en compter, voyez les derniers Art. du Tit. 32 des peines & amendes de l'Ordon. de 1669, & l'Edit du mois de May 1716 raporté par Gallon à la fin de ce Tit. p. 719.

Les amendes ne peuvent se modérer avant la condamnation.

Art. 15 *du Tit.* 30 *de l'Ordon. de* 1669.
sup. Chap. 16. §. 5.

30. Ne sera fait don, remise ou modération pour telle cause que ce soit des amendes, restitutions, intérêts, & confiscations, avant qu'elles soient jugées ni après, pour quelques personnes que ce puisse être.

Les

Les amendes font folidaires contre
les condamnés.

31. Ainfi jugé par Arrêt du Parlement du
13 May 1735 contre les Religieux de Saint
Vincent du Mans, & deux de leurs Domeftiques qui avoient chaffé fur la Terre d'un
Seigneur voifin. *Denifart* verbo *Chaffe*.

---

§. 12. *Si dans les Juftices des Seigneurs les délits
en fait de Chaffe doivent être pourfuivis à
la requête du Procureur - Fifcal.*

L'auteur de la pratique des Terriers T. 3.
p. 156. 1. édit. décide que ces fortes de délits fe doivent pourfuivre à la Requête du
Procureur - Fifcal, & que cette queftion a
été ainfi jugée par nombre d'Arrêts de la
Table de Marbre de Paris, & entre autres
par celui du   1749, dont le fait
étoit que le Seigneur d'Onzon & de Montai-
gu en Bourbonnois, avoit fait informer en fon
nom dans fa Juftice contre un Particulier, pour
avoir chaffé fur fes Terres, il avoit obtenu
condamnation par Sentence, dont le Chaffeur ayant apellé, l'Arrêt caffe la Procédure
pour avoir été faite au nom du Seigneur, &
non en celui du Procureur - Fifcal, avec dépens, fauf à lui à fe pourvoir fuivant l'Ordonnance.

Q

Il faut cependant avoüer que cette Jurisprudence, si elle est bien certaine, paroît contraire aux dispositions de l'Art. 5 du Tit. 26 de
l'Ordon. de 1669, qui permet aux Particuliers de se pourvoir pour la reparation des
délits en fait de Chasse, devant les Grands-
Maîtres & les Officiers de la Maîtrise, ce
qu'ils sont obligés de faire en leur nom, sans
pouvoir se servir du ministere de leur Procureur-Fiscal, dont les fonctions sont incon-
nuës hors de la Justice dans laquelle ils sont
établis, autrement ceux qui n'auroient point
de Justice, ne pourroient user de la faculté
accordée par l'Ordon. & les uns & les autres
seroient réduits à faire le Rolle de simples
dénonciateurs ; & cela paroît devoir faire d'autant moins de difficulté que, par l'Ordon. de
1667 au Tit. des récusations, à laquelle celle
de 1669 n'a point dérogé, les Seigneurs sont
autorisés à poursuivre en leur nom, ou en celui de leur Procureur-Fiscal devant leurs
Juges, tout ce qui concerne leurs Domaines,
Droits, & Revenus, tant en Fief qu'en Roture : or le Droit de Chasse, comme nous
l'avons prouvé *suprà* Chap. 4. est un Droit de
leur Fief qui n'intéresse en aucune maniere le
public, ce qui seroit nécessaire pour fonder
la Jurisprudence attestée par Freminville ; il
peut se faire qu'au fait de Chasse dont se
plaignoit le Seigneur d'Onzon, fut joint
quelques crimes ou délits dont la vengence

n'apartenoit qu'au miniftere public : & alors
l'Arrêt feroit conforme aux principes.

CHAPITRE XVII.

De la Chaffe aux Loups.

L A Chaffe des Loups eft fi importante
pour la confervation des perfonnes &
des beftiaux, qu'elle a mérité de nos Roys
une attention particuliere. Il y avoit autrefois
tant de Loups dans ce Royaume que l'on
fut obligé de lever une efpéce de Taille pour
cette Chaffe. Charles V. en 1377 éxempta
de ces impofitions les Habitans de Fontenay
près le Bois de Vincennes ; on fut obligé d'é-
tablir en chaque Paroiffe des Louvetiers que
François Premier créa en titre d'Office, &
il établit au deffus d'eux le Grand Louvetier
de France. L'Ordon. de Henry III. du mois
de Janvier 1583, enjoint aux Officiers des
Eaux & Forêts de faire affembler trois fois
l'année, un homme par feu de chaque Paroiffe de leur reffort, avec armes & chiens pour
faire la Chaffe aux Loups. Les Ordon. de
de 1597, 1600, & 1601, « exhortent tous
» les Seigneurs Haut-Jufticiers & de Fief, de
» faire affembler de trois mois en trois mois,
» & même plus fouvent, fi befoin eft, aux
» tems & jours les plus propres & commo-

Q ij

» des , leurs Tenanciers pour chasser aux
» Loups & autres Bêtes nuisibles , au dedans
» de leurs Terres, Bois, & Buissons, avec
» chiens, arquebuses, & autres armes, avec
» attribution aux Sergens-Louvetiers de deux
» deniers par Loups, & quatre deniers par
» Louves sur chaque feu des Paroisses, à deux
» lieuës des endroits où ces animaux auroient
» été pris. » Une Déclaration du 27 Décembre 1607, & plusieurs Arrêts du Parlement
reglent les formalités avec lesquelles le récouvrement en doit être fait : mais il n'y a pas
lieu de croire qu'elles eussent lieu aujourd'huy,
que le ministere ordonne, sur l'avis des Intendans, de la recompense de ceux qui ont pris
des Loups. Nous en avons des exemples récens dans les Provinces de Touraine, Blaisois, & Pays Vendômois ; une quantité prodigieuse de Loups extremement voraces , &
qui attaquoient singulierement l'espéce humaine, si étant répandus (depuis 1744 jusqu'en 1754,) les Subdélégués des Intendans
y payoient, par leurs ordres, 30 liv. pour chaque tête de Loups, récompense qu'on diminua, par une œconomie mal entenduë, à
proportion de la diminution de ces animaux
dans le Pays, c'est-à-dire, à mesure que
leur rareté diminuoit la dépense, & augmentoit les difficultés de les prendre.

Il paroît par les autorités raportées par
Gallon sur l'Art. 41 du Tit. 30 de l'Ordon.

de 1669, que la convocation de cette forte
de Chaffe apartient, dans les lieux où il n'y
a point d'Officiers de Louveterie, aux Grands-
Maîtres & Maîtres-Particuliers des Eaux &
Forêts, chacun dans leurs Refforts & Départemens, à l'exclufion des Intendans des Provinces, ces Officiers ou au moins l'un d'eux,
doivent y affifter pour en dreffer procès verbal, & empêcher que les Particuliers armés
ne chaffent à d'autre Gibier & ne faffent rien
contre le fervice du Roy. Voyez Gallon fur
l'Art. 41 du Tit. 30 de l'Ordon. de 1669,
T. 2. p. 618 & fuiv. de l'édit. de 1752,
& le Code des Chaffes T. 1. p. 261, & T.
2. p. 490, où font raportés deux Arrêts du
Confeil, qui, fur ce que les Officiers de la
Louveterie prenoient, à l'occafion de la Chaffe aux Loups, celle de véxer les Habitans de
la Campagne, par des amendes, leur fait
deffenfes de faire aucune Publication de
Chaffe aux Loups, que du confentement de
deux Gentil-Hommes de leurs Départemens,
nommés par le Commiffaire départi de la
Province.

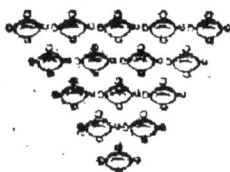

CHAPITRE XVIII.

§. I. *Des Juges des Chasses en général.*

CEtte matiere ayant été traitée avec beaucoup d'étenduë par différens auteurs, & tout récemment par Freminville, dans sa Pratique des Terriers, T. 3 , je bornerai ce Chap. à de simples extraits ausquels je joindrai les réfléxions qui me paroîtront convenables sur les décisions que je croirai n'être pas conformes aux principes.

A l'exception du privilége des Capitaines des Chasses dont nous avons parlé ci - dessus Chap. 15. « La connoissance de toutes les » causes, instances, & procès mus sur le » fait de la Chasse, prise des bêtes dans les » Forêts, même des querelles, excès, assassi- » nats, & meurtres commis à l'occasion de » ces choses, soit entre Gentil - Hommes, » Officiers, Marchands, Bourgeois, ou au- » tres de quelque qualité que ce soit sans » distinction quelconque, apartient, suivant » l'Art. 7 du Tit. 1. de l'Ordon. de 1669, » aux Juges des Eaux & Forêts à l'exclusion » de tous autres Juges, & ce, à peine de nul- » lité, & d'amende arbitraire contre les par- » ties qui les auront requis de procéder. »

L'auteur de la Conférence fur cet Art., raporte différentes autorités qui confirment ces
difpofitions & jugent « qu'ils connoiffent non
» feulement des Chaffes faites dans les Bois,
» mais encore dans les Campagnes & fur les
» Rivieres : port d'armes, * recherches, faifies,
» & confifcations de Chiens, Gibiers, En-
» gins, & Filets deffendus, prifes de Bêtes
» dans les Forêts, & des Droits de Garenne,
» Trapes, Attrapes, Prife, & Tirerie de Pi-
» geons, & même du Gibier expofé en vente
» dans les Marchés & Places publiques, &
» Boutiques des Rotiffeurs & Cabaretiers,
» dans les Tems & Saifons deffenduës, com-
» me auffi de l'entérinement des Lettres
» de grace, abolition & rémiffion dans tous
» les cas apartenans à la matiere des Chaffes,
» lorfque l'adreffe leur en eft faite : » ce qui
doit s'entendre tant des Bois & Garennes du
Roy, que de celles des Particuliers.

La compétance des Juges en fait de Chaffe ne fe régle point par le Domicile du def-
fendeur, ni par aucun privilége de caufes commifes ou autres, quel qu'il puiffe être : mais
par le lieu où les délits, abus, & malverfa-
tions ont été commis, c'eft la difpofition de
l'Art. 9 du même Tit.

Ainfi lorfqu'il fe trouve parmi les délinquans, des perfonnes privilégiées, il faut toujours fe pourvoir par devant les Juges des

* Voyez Chap. 14. §. 1, p. 121.

Eaux & Forêts, par ce que la connoiſſance des matieres qui leur ſont attribuées, eſt interdite aux Juges des Priviléges, de même qu'aux Prévôts, Châtelains & Préſidiaux, par l'Art. 14.

Ce qui a même lieu contre l'Ordre de Malthe, ainſi que l'obſerve M. Segaud ſur Gallon T. 1. p. 65, & contre les Eccléſiaſtiques qui ne peuvent à cet égard joüir du Privilége de Clericature. Voyez les autorités raportées par Gallon ſur les Art. 34 & 35 du Tit. 30. C. des Ch. Chap. 34 & 35. Et Deniſart Collection de Juriſp. *verbo* Chaſſe, où il cite un Arrêt du Conſeil du 3 Avril 1702, qui l'a ainſi jugé contre des Eccléſiaſtiques du Diocèſe de Bourdeaux.

M. Segaud ſur Gallon T. 1. p. 65, propoſe la queſtion de ſavoir ſi les affaires portées à la Table de Marbre peuvent être évoquées ſur le fondement que l'une des parties auroit dans le Parlement, d'où ſont tirées la pluſpart des Commiſſaires du dernier reſſort, un nombre ſuffiſant de Parens pour donner lieu à l'évocation dans les affaires ordinaires, & il décide pour la négative conformement à un Arrêt du Conſeil du 21 Mars 1712. Ses raiſons ſont. 1°. Que l'évocation eſt un Privilége, & que tout Privilége ceſſe en fait d'Eaux & Forêts. 2°. Que Meſſieurs du Parlement ne viennent à la Table de Marbre que comme Commiſſaires délégués, & qu'il

eſt ſans éxemple qu'on ait évoqué des Commiſſaires délégués. 3°. Que l'Ordon. des évo-
cations n'a rien preſcrit par raport aux Tables
de Marbre, ce qu'elle n'auroit pas manqué
faire ſi l'évocation pouvoit avoir lieu dans
ce Tribunal.

Lorſque les Bailliages ont pris connoiſſance
de quelques faits de Chaſſe, ils deviennent
Juſticiables de la Table de Marbre qui prononce la nullité des Jugemens rendus dans
les Bailliages. Segaud T. 1. p. 121.

Les Sentences renduës par les Officiers des
Eaux & Forêts pour délits commis dans leur
reſſort, ſont éxécutées contre les délinquans,
en quelques lieux & départemens qu'ils ſoient
Domiciliés. Arrêt du Conſeil du 30 Juin
1691. Gallon T. 1. p. 64.

Il y a deux Ordres de Juges établis pour
connoître des faits des Eaux & Forêts; les
Inférieurs, qui ſont les Officiers des Gruries
& des Maîtriſes : & les Supérieurs, qui ſont
ceux des Tables de Marbre; dont les Grands-
Maîtres des Eaux & Forêts ſont les Chefs.

Les Inférieurs jugent en premiere inſtance
les cauſes de leur compétance, à la réſerve
des Maîtriſes qui reçoivent encore les apellations des Juges Gruyers Royaux.

Les Supérieurs en connoiſſent en cauſe d'a-
pel ſeulement.

« S'il arrivoit que les Officiers de ces Tri-
» bunaux fuſſent convaincus d'avoir commis

» supposition, ou fraude dans leurs raports &
» procédures, ils seront condamnés au qua-
» druple, privés de leurs Charges, bannis
» des Forêts, & punis corporellement com-
» me fauteurs & prévaricateurs ; & les Gardes
» qui auront fait le raport envoyés aux Galè-
» res perpétuelles sans aucune modération. »
Art. 26 du Tit. 32. Si ces peines sont fortes (dit M. Segaud sur cet Art.) il est vrai
de dire qu'on ne peut punir trop sévérement
les prévaricateurs qui trahissent les intérêts
du Prince & abusent de sa confiance.

Il y avoit autrefois des Charges de Prévôt,
Commissaires, Contrôleurs-Généraux & Particuliers des Chasses ; mais comme elles é-
toient non seulement inutiles, mais encore à
charge au public, elles ont été suprimées par
l'Art. 41 du Tit. des Chasses.

§. II. *Des Juges Gruyers.*

Ce nom vient du Terme Grec, qui signifie tous les Fruits d'une Forêt.

Il y en a de deux sortes : les Gruyers Royaux, dont les fonctions sont détaillées dans
le Tit. 9 de l'Ordon. de 1669 ; & les Gruyers établis dans les Justices des Seigneurs, par
Edit du mois de Mars 1707.

Les premiers ne peuvent juger que des délits dont l'amende est fixée par les Ordon. à
la somme de 12 liv. & au dessous, d'où l'on

eroit pouvoir conclure qu'ils ne peuvent connoître des faits de Chaffe : & en effet aucun
des Articles du Titre de l'Ordonnance qui
leur eft particulier , ne leur attribue cette
connoiſſance.

Les feconds ont été créés par un Edit du
mois de Mars 1707 , enregiftré au Parlement
le 7 May , pour être établis dans les Juſtices
des Seigneurs Eccléfiaftiques & Laïques du
Royaume , & y éxercer les mêmes fonctions
qu'éxercent dans les Eaux & Forêts du Roy,
les Maîtres - Particuliers & autres Officiers
Royaux. Voyez cet Edit dans Gaſlon T, 1.
page 81.

Par une Déclaration du 1. May 1708 , enregiftrée au Parlement le 3 , les Offices de
Juge - Gruyer, Procureur du Roy , & Greffier , créés par l'Edit de 1707 , furent réunis
avec les fonctions & les Droits y attribués
à *toutes* les Juſtices , Terres & Seigneuries du
Royaume , *foit Haute , Moyenne , ou Baſſe , ou*
fous tels Titres qu'elles foient établies & érigées ,
pour être à l'avenir, les fonctions defd. Offices , faites par les Juges & Officiers defd. Juſtices , ou par tels autres que les Propriétaires
defd. Terres & Seigneuries y voudroient
commettre, ainſi & comme il eſt porté par
led. Edit, & joüir par lefd. Juges & Particuliers qui feront choifis par lefd. Seigneurs,
de tous les Droits, Emolumens, Vacations,
Priviléges , Exemptions , & autres facultés

portées par led. Edit sans aucune différence, changement ni diminution. Voyez cette Déclaration *ibidem* p. 86. Ensorte que tous les Seigneurs ayant Justice, *quelle qu'elle puisse être,* ont aujourd'huy Droit de Grurie, & on ne seroit pas même reçû à leur demander la Quittance de la Finance qu'ils ont dû payer pour faire cette réunion, par ce qu'ayant été forcés à la faire par cette Déclaration, « à » peine d'y être contraints ainsi & comme il » est accoûtumé pour les deniers & affaires de » Sa Majesté, & par les mêmes voyes, » on présume que le Fermier chargé de ce récouvrement, n'en a pas négligé la rentrée.

Suivant l'Edit de 1707, les apels des Sentences de ces Juges devoient être relevés aux Maîtrises - Particulieres dans le ressort desquels ils étoient établis : mais une Déclaration du 8 Janvier 1715, enregistrée au Parlement le 23, en leur ôtant la connoissance des délits commis dans les Eaux & Bois des Ecclésiastiques, & de ceux commis par les Propriétaires * dans leurs Eaux & Bois, ordonne que les apellations des Jugemens par eux rendus, & les autres Officiers des Seigneurs Particuliers, sur le fait des Eaux & Forêts, seront relevées directement aux sieges des Tables de Marbre, comme avant l'Edit du mois de Mars 1707. *ibid.* p. 88.

* S'entend des Justices.

Aux

Aux termes de l'Edit du mois de Mars 1707 & de la Déclar. du 8 Janvier 1715, qui corrige cet Edit; * ces Juges - Gruyers connoissent en premiere instance de toutes affaires & matieres concernant les Eaux & Forêts, usages, délits, abus, dégradations, & malversations sur iceux, de tous différens sur la *Chasse*, ¶ & la *Pêche*, &c. querelles, excès & assassinats commis à l'occasion de ce, jugent de tous ces délits, & condamnent les contrevenans aux amendes portées par l'Ordon. de 1669.

Leurs Sentences sont exécutées par provision, nonobstant l'apel & sans préjudice d'icelui, pour les condamnations pécuniaires qui n'excédent la somme de 12 liv.

Ils font l'assiete, martelage & recollement des ventes de Bois du Ressort de la Juridiction ou des Seigneuries où ils sont établis, & mettent les Adjudicataires en possession des Adjudications qui leur sont faites des Bois des Seigneurs Laïcs, où ils doivent faire observer l'Ordon. sous les peines y portées.

Ils doivent à cet effet, visiter au moins deux fois l'année les Bois de leur ressort.

---

* Suivant cette Déclaration, les Officiers des Maîtrises peuvent conoître de ces délits lorsqu'ils ont été requis & qu'ils ont prévenu les Juges-Gruyers des Seigneurs.

¶ Voyez Chap. 8. §. 1.

R

Ils reçoivent à ferment les Sergens & Gardes, après information de leurs vies & mœurs, ainſi qu'il eſt porté par l'Art. 2 de lad. Ordon. au Titre des Huiſſiers, ſur les Procès-Verbaux deſquels les délinquans peuvent être condamnés aux amendes portées par les Ordon. & Réglemens, ſans qu'il ſoit beſoin d'autres preuves ni informations, pourvû que les parties accuſées ne propoſent point de cauſes ſuffiſantes de récuſation.

Enfin ils font & éxercent dans les Bois de leur Reſſort, ſous les limitations marquées par la Déclar. de 1715 *ſup.* tout ce que font & éxercent dans les Eaux Forêts du Roy, les Maîtres-Particuliers & autres Officiers.

Ils ont Droit de faire la taxe des Epices & Droits qui leur font acquis pour l'Inſtruction & Jugement des Procès qu'ils auroient jugés ſur le fait des Eaux & Forêts, Chaſſe & Pêche, en la maniere que font les Juges des Seigneurs pour les autres cauſes de leur Juridiction.

Les Juges Gruyers ont ſix livres par vacation, lors de l'aſſiete & recollement des Bois & miſes en poſſeſſion des Ventes, le Procureur d'Office & le Greffier chacun quatre liv. & en outre le Greffier cinq ſols par Rolle de Groſſe de ſes Expéditions.

Ces Offices peuvent être poſſédés par toutes ſortes de perſonnes graduées ou non graduées, fans incompatibilité avec tous autres Offices, ni dérogeance à la Nobleffe.

Il eft deffendu aux Maîtres-Particuliers & autres Juges des Eaux & Forêts de les troubler dans leurs fonctions, & de prendre connoiffance des matieres qui leur font attribuées, à moins qu'ils n'en ayent été requis, & qu'ils ayent prévenu les Juges-Gruyers des Seigneurs, fuivant la Déclaration de 1715.

Il eft deffendu à tous Seigneurs Eccléfiaftiques & Laïcs de faire à l'avenir aucunes Ventes ni Adjudications dans leurs Forêts, Bois & Buiffons, foit de Futayes ou de Taillis, qu'en préfence defd. Juges-Gruyers, ou eux duëment apellés, & d'en faire faire par d'autres que par eux, l'affiete, martelage, & recollement, à peine de cinq cent livres d'amende.

Les pourvus de ces Offices joüiffent de l'éxemption effective du Logement des Gens de Guerre, de la Milice, eux & leurs enfans, de Tutelle, Curatelle, & autres Charges publiques.

Ceux des Juftices fitués dans les Capitaineries Royales ne peuvent connoître du fait de Chaffe.

Par Arrêt rendu en la Grand-Chambre du Parlement de Paris le 8 Janvier 1752, il a été jugé conformement aux Conclufions de M. Jolly De Fleury, Avocat-Général, entre Mre. Charles François-Louis De

Devezeaux, Marquis d'Herbault en Beauce, Apellant, Simon Ruelle, Marchand de Bois à Blois, Intimé, & les Officiers de la Maîtrise de Blois, parties intervenantes, Demandeurs en revendication, que les Juges-Gruyers des Seigneurs peuvent connoître d'Office, & sans requisition préalable des délits commis dans les Bois des Particuliers, situés dans l'étenduë de leur Juridiction ; Voici le Fait.

Le Sieur Pivard De Chatulé vendit le 12 Novembre 1749 au Sieur Ruelle, deux coupes de Bois-Taillis dépendantes de sa Maison du Guerinet, situées Paroisse d'Orchaise, dans l'étenduë de laquelle le Marquis d'Herbault n'a simplement que la Haute-Justice.

Le Procureur-Fiscal du Marquisat d'Herbault s'étant aperçu, en faisant sa Visite, que les Marchands ne s'étoient point conformés à l'Ordon. dans l'exploitation qu'ils avoient faite des Bois dont est question : y requis le transport du Bailly qui dressa le 26 Août 1749 un Procès-Verbal des contraventions remarquées, sur lequel intervint le 27 Octobre 1749, Sentence par défaut, qui, conformement à la demande du Procureur-Fiscal, déclara encouruës les peines & amendes prononcées par l'Ordon.

Ruelle ayant interjetté apel, tant comme de Juges incompétans qu'autrement, de cette

Sentence & du Procès - Verbal du 26 Août 1749, se pourvut à la Table de Marbre, où il obtint le 12 Novembre 1749, Sentence qui l'en reçut apelant, avec déffense de les éxécuter.

Le Marquis d'Herbault interjetta à son tour apel de cette Sentence au Parlement, où intervint :

L'Arrêt ci-dessus datté, par lequel « la Cour » faisant Droit sur l'apel de la Sentence de la » Table de Marbre, met l'apellation au néant, » émandant, la déclare nulle, & toute la Pro- » cédure faite pour l'obtenir, & faisant pareil- » lement Droit sur l'apel interjetté par le Sieur » Ruelle des Procès-Verbaux & Sentences de » la Grurie d'Herbault, convertit l'apel en op- » position, sans avoir égard à l'intervention & » demande des Officiers de la Maîtrise de Blois, » renvoye les parties devant le Juge d'Herbault » pour leur être fait Droit, & condamne Ru- » elle aux dépens envers toutes les parties, » même en ceux faits tant par, que contre les » Officiers de la Maîtrise de Blois. »

On s'est particulierement attaché à déduire ce qui concerne la compétance des Juges-Gruyers des Seigneurs, par ce que cette matiere ne l'a pas encore été de ses vrays principes, & que les auteurs qui l'ont fait, sont tombés dans des contradictions évidentes, faute d'avoir fait une distinction des Juges - Gruyers des Seigneurs qui, avant l'Edit de 1707, avoient

R iij

le Droit d'en établir en conséquence des Titres qui leur en avoient accordé la conceffion : de ceux établis par cet Edit, & depuis réunis aux Juftices Seigneuriales par Déclaration de 1708.

Ceux qui defireront d'être inftruits de ce qui concerne les autres Juges des Chaffes, peuvent voir les treize premiers Titres de l'Ordonnance du mois d'Août 1669, qui contiennent tout ce qu'on peut défirer fur cette matiere.

F I N.

TABLE
DES
CHAPITRES.

CHAPITRE I. *Définition.* Page 1

CHAP. II. *De l'Origine & de l'ancienneté de la Chasse.* 2

CHAP. III. *De la liberté de Chasser dans le Droit naturel, & des restrictions qu'on y a aporté dans notre Droit Civil.* 4

CHAP. IV. §. I. *Nature du Droit de Chasse.* 15

Maxime générale. 16

§. II. *Si le Droit de Chasse est prescriptible.* 17

CHAP. V. *A qui la Chasse est permise ou defendue suivant nos Loix.* 18

§. I. *Des Seigneurs Haut-Justiciers.* idem

§. II. Des Seigneurs de Fiefs.　　　　P. 19

§. III. Des Seigneurs Dominans.　　　　29

§. IV. Des Gentil - Hommes.　　　　32

§. V. Des Propriétaires de Franc - Aleu.　　33

§. VI. Des Ecclésiastiques.　　　　36

§. VII. Des Roturiers.　　　　42

§. VIII. Des Fermiers Conventionels ou Judici-
aires.　　　　44

§. IX. Des Gardes - Chasses.　　　　47

§. X. Des Permissions Particulieres.　　　50

§. XI. Des Officiers des Eaux & Forêts.　　65

§. XII. Des Officiers des Troupes.　　　66

§. XIII. Des Gouverneurs des Provinces & Places.　　　　idem

CHAP. VI. Des Lieux & des Tems où la Chasse
est deffenduë.　　　　68

§. I. Des Terres du Roy.　　　　idem

§. II. Des Garennes.　　　　70

§. III. Des Terres & Vignes en Fruit.　　71

§. IV. Des Jardins.　　　　73

§. V. De la Nuit.　　　　idem

CHAP. VII. Des moyens usités pour parvenir à la
prise des Animaux que l'on chasse.　　74

§. I. *Du Feu.* P. 74

§. II. *Des Fusils ou Arquebuses.* 77

§. III. *Des Chiens.* 80

§. IV. *Des Oiseaux.* 87

§. V. *Des Filets & Engeins.* idem

CHAP. VIII. *Des Animaux qu'il est deffendu de chasser.* 89

§. I. *Des Cerfs, Biches, & Faons.* idem

§. II. *Des Pigeons.* 91

§. III. *Des Lapins.* 93

CHAP. IX. *Précautions pour la conservation du Gibier.* 94

§. I. *Des Aires d'Oiseaux.* idem

§. II. *Des œufs de Cailles, Perdrix & Faisans.* 96

§. III. *Des menus Oiseaux.* 98

§. IV. *Du Commerce sur le Gibier.* 99

§. V. *De la Chasse dans les tems que le Gibier travaille à sa Multiplication.* idem

§. VI. *De la perquisition du Gibier dans les Maisons.* 100

De la conservation du Gibier dans les Capitaineries. 101

§. VII. *Des Trous qu'on peut faire aux murs.* idem

§. VIII. *Du tems où l'on peut faucher les Prés.* P. 102.

§. IX. *De la deffense de clore les Héritages de la Campagne.* 103

§. X. *De l'obligation d'Epiner les Terres.* 105

CHAP. X. *De la Pourfuite du Gibier.* idem

CHAP. XI. *Des Garennes.* 110

Des Garennes Forcées. idem

Des Garennes Ouvertes. idem

Maximes fur les Garennes. 112

CHAP. XII. *Ce qui conftitue un délit en fait de Chaffe.* 115

Du Port d'Armes. 116

Du Port d'Armes avec accompagnement de Chiens. 118

De la Prife du Gibier. idem

CHAP. XIII. *Du Cantonnement.* 119

CHAP. XIV. *Du Port d'armes & des Juges qui en doivent connoître.* 121

§. I. *Des Juges du Port d'armes.* idem

§. II. *Des Gardes-Chaffes & du Défarmement.* 126

§. III. *Des Employés des Fermes.* 127

CHAP. XV. *Des Capitaineries.* 128

CHAP. XVI. *Des peines & amendes.* P. 132

§. I. *Nature des délits en fait de Chaffe.* 133

§. II. *Par quelle voye on peut en pourfuivre la reparation.* 138

§. III. *Des peines arbitraires.* 141

§. IV. *Obfervations fur les récidives.* 143

§. V. *Les amendes ne peuvent être modérées ni reçuës avant la condamnation.* 144

§. VI. *En fait de Chaffe peut-on outre l'amende condamner en des dommages, intérêts ?* 150

§. VII. *Amendes fe prefcrivent par dix ans.* 151

§. VIII. *A qui apartiennent les amendes.* 152

§. IX. *Du délateur ou dénonciateur.* 156

§. X. *Partie publique ne peut obtenir, ni être condamnée aux dépens.* 161

§. XI. *Difpofitions des Ordonnances fur les peines & amendes.* 165

§. XII. *Par qui doit être pourfuivi un délit en fait de Chaffe.* 181

CHAP. XVII. *De la Chaffe aux Loups.* 183

CHAP. XVIII. §. I. *Des Juges des Chaffes en général.* 186

§. II. *Des Juges-Gruyers.* 190

F I N.

www.ingramcontent.com/pod-product-compliance
Lightning Source LLC
Chambersburg PA
CBHW071937090426
42740CB00011B/1733